【図解】はじめての神道と仏教

渋谷申博

ONE PUBLISHING

はじめに

日本人は信仰心が薄いということが以前からいわれています。本当でしょうか？

結婚式などの目出度い席では不吉な言葉を避けますが、これは言霊《ことだま》という言葉の霊力に対する信仰の現われです。頭を北に向けて寝るのは北枕といって忌まれていますが、これはお釈迦様が亡くなられた時の姿だったことによります。くじに当たったりすると「ついてる！」と喜びますが、「つく」とは神仏などの霊的な存在が助力していることを意味します。

このように、私たちの生活の中には信仰に由来するものが数多くあります。つまり、日本人は信仰心が薄いのではなく、信仰心に対する自覚が薄いのです。しかし、日本文化の豊かさは、こうした信仰によっている面が小さくありません。その影響は文学や芸術、政治や産業、さらには日常生活にも及んでいます。

伝統文化のことなら神道だけを知ればいいと思われるかもしれませんが、6世紀に仏教が伝来して以降、神道と仏教は互いに影響を与え合いながら発展してきました。したがって、仏教のことを知らなければ神道を本当に知ることになりませんし、日本の仏教を理解するためには神道の知識が不可欠なのです。

神道と仏教は競い合いながら日本文化の豊かさを作ってきました。ですから、神道や仏教のことを少しでも知っておくと、社寺の拝観がより楽しめるだけではなく、暮らしのさまざまな場面で日本文化の奥深さを感じることができるようになります。

この本は、そうしたことを多くの人に知っていただくために企画された神道と仏教の入門書です。神道や仏教に関する本を手にしたことがない方でも楽しく読めるよう、コンパクトでわかりやすい説明にしてあります。このため専門用語はなるべく使わないようにしていますし、内容を単純化したり省略したところがあります。

親しみやすくするため神名はカタカナ表記とし、初出のところに敬称（神、命《みこと》、尊《みこと》など）をつけた漢字表記を示しました。不敬と思われるかもしれませんがご了解ください。

また、歴史的事実を述べるところと信仰について語るところでは敬称の使い方を変えています。前者（主に第1部と第2部）では神・仏・寺院、後者では神様・仏様・お寺といった具合です。

本書を通して日本人の信仰世界の豊かさや面白さに気づいていただけたらと思います。

渋谷申博

2021年1月

【図解】はじめての神道と仏教　もくじ

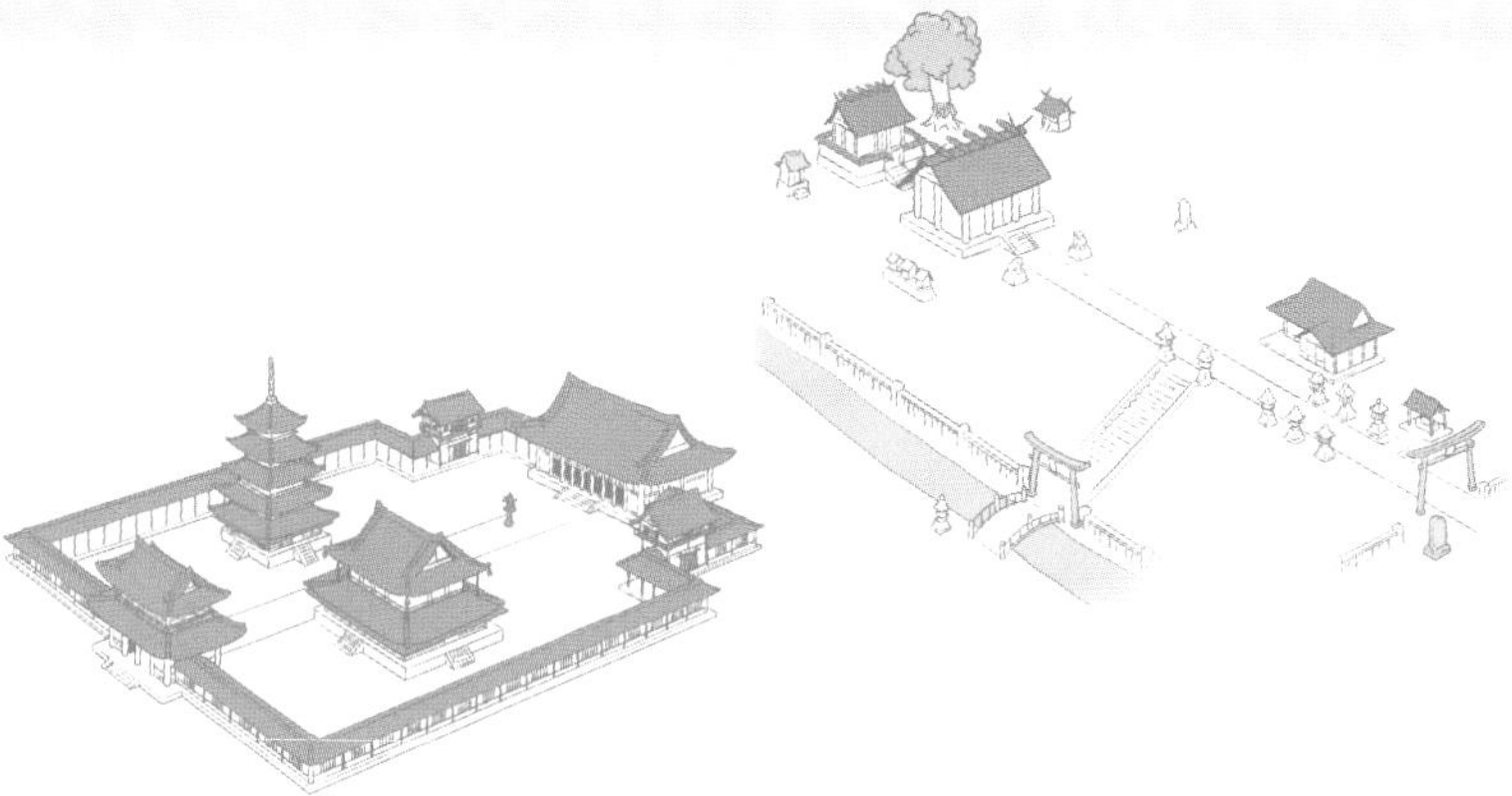

第2部　神社とお寺

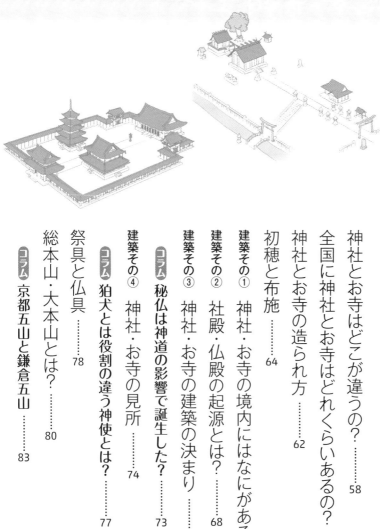

第3部 行事と儀礼

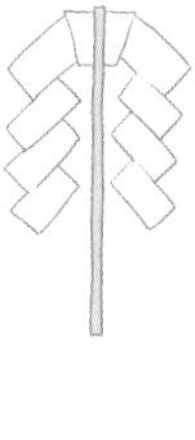

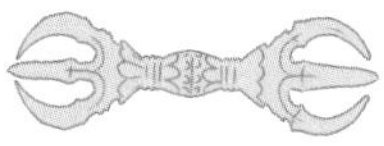

第1部

神道と仏教のキホン

神道ってなに？　仏教ってどんなもの？

日本の文化や歴史を形作ってきた二つの宗教

◇「神仏」は日本独自の表現？

日常会話の中で**「神仏」**という言葉を何気なく使うことがあると思います。「神と仏」あるいは「神道と仏教」という意味ですが、このようにまったく成り立ちの違う二つの宗教を一つのものとして扱うのは、日本独特のことといえます。

欧米ではキリスト教とユダヤ教やイスラム教をひとくくりにすることはないでしょうし、インドでもヒンドゥー教と他の宗教を同一視するようなことはありません。

日本人が「神仏」とか「社寺（寺社）」と言ったりするのは、神道と仏教が複雑に関わり合いながら、**日本の信仰・文化・歴史・風習を形作ってきたから**です。

では、そもそも神道とは、仏教とはなんでしょうか。

仏教はひと言でいえば、仏教の開祖である**お釈迦《しゃか》様（シャーキャ・ムニ、ゴータマ・シッダッタ）の教えを信奉する**宗教のことです。

紀元前500年頃のインドで成立した仏教は、長い歴史の中で、また、各地に伝わる過程で、大きく変化を遂げてきましたが、釈迦の教えを受け継ぐ宗教という立場は変わっていません。仏教という名前自体、**「悟《さと》りを開いてブッダ（仏陀）になった釈迦の教え」**という意味です。

神様も仏様もいる日本人の信仰世界

ほっほっほっ
神様にもいろいろあってな、
話せば長いんじゃ。
まあ、ゆっくり聞きなされ
ボクは
紀元前500年頃の
インドに生まれたの
だけど、
キミはいつ、どこで
生まれたんだい？

◇開祖をもたない神道

神道はどうでしょう。神道は誰の教えを受け継いでいるのでしょうか。

神道には仏教の釈迦に当たる開祖が存在しません。それだけではなく、仏教の経典、キリスト教の聖書に当たる聖典もありません。

神道は古代の日本人が抱いた**自然の神秘や恵みに対する畏《おそ》れや感謝、恐怖などを元として、各地で自然発生的に誕生**しました。ヤマト朝廷によって国が統一される過程で各地の信仰も統合されていき、一つの宗教として確立しました。それゆえ開祖といった存在もありませんし、開祖の言行を記録した聖典も作られなかったのです。

それでは神道はいかに信仰や教えを伝えてきたのか、それについてはおいおい説明することにしたいと思います。

第1部
第2部
第3部

日常の中の神道語・仏教語

神道

天降り《あまくだり》……神が天から地上に下ること。
かしこまる‥神を畏れ敬うこと。
拍手…………手を叩いて神や貴人に敬意を表すること。
独り相撲……神を相手に相撲をとる様を演じる奉納芸能。
もの…………神霊や霊魂など。「もののけ」の「もの」

仏教

挨拶…………禅僧が相手の力量をはかること。
会釈《えしゃく》…………経典の注釈を読み合わせること。
縁起…………すべての事象は関係し合って生起すること。
勘弁…………問答などで相手の力量をはかること。
玄関…………悟りの境地への入口のこと。
出世…………仏・菩薩が人々を救済するため世に出現すること。
旦那…………（お寺に）布施をする人。

竈山《かまやま》神社（和歌山市）の祓箱
（写真提供：著者）
「お払い箱」という言葉は、古いお札を納める箱に由来している。

COLUMN

生活の中の神道・仏教

神道と仏教が日本人の文化や歴史などに深く関わってきたことは、神道・仏教に由来する言葉や風習が日常生活に残っていることからも知られます。

たとえば、太陽のことを「お日様」とか「お天道《てんとう》様」と呼びますが、これは太陽を神様として崇めた名残です。また、ご飯のことを舎利《しゃり》と呼ぶのは、お米を釈迦の遺骨（仏舎利《ぶっしゃり》）にたとえたことに由来します。

なぜお米を遺骨にたとえたのかと驚かれるかもしれませんが、お寺に安置されている仏舎利は、多くがお米のような色や形をしているのです。また、お米はアマテラス（天照大御神《あまてらすおおみかみ》）が自身の孫であり天皇の祖先神《そせんしん》（皇祖神《こうそしん》）であるニニギ（邇邇芸命《ににぎのみこと》）に地上で広めることを命じたとされる作物で、神道で神聖視していることも背景にあると思われます。

「いただきます」「もったいない」といった言葉も、すべてのものに魂が宿り、神の力が働いていると考える神道の信仰に由来しています。針供養・人形供養などの儀礼は、そうした日本古来の信仰と仏教の供養儀礼が結びついてできたものです。

予想以上にうまくいった時は「ついている」と思うでしょう。昔の人は神仏の力が“ついている”から、うまくいくのだと考えたので、こうした言い方が生まれたのです。

歴史その❶ 始まりはいつ？ 歴史的に始まりのわかる仏教と曖昧で複雑な神道

◇仏教の始まりは釈迦の初説法

その始まりを知ることは、組織や社会現象などを正しく理解するうえで重要なことです。宗教にも同様のことがいえます。

たとえば、キリスト教は1世紀にイエスが教えを説いたことが始まりです。その背景にはイスラエルがローマ帝国の支配下に入ったことなどから社会不安が広がり、それまでユダヤ人の精神的支柱となってきたユダヤ教にも改革が求められたことがあります。

いっぽう仏教の始まりは、**釈迦（ゴータマ・シッダッタ）が説法を行なったこと**にあります。釈迦の生没年については諸説があって明確になっていませんが、およそ**紀元前500年頃**のことと考えられます。

仏典（お経）によりますと、釈迦は29歳で出家し、6年にわたる苦しい修行を経て悟りを開き（真理を完全に会得すること）、ブッダ（仏）になったそうです。

そして、かつてともに修行をした5人の僧に教えを説きました。これを**「初転法輪《しょてんぽうりん》」**といいます。「法輪」とは仏教の教えのことで、迷いや悪い心を打ち砕くことを戦車の車輪にたとえたものです。

釈迦が新たな教えを説き始めた背景にも、**インド社会の変化**がありました。都市が発展し、そこに住む裕福な人々が従来の信仰（バ

神道と仏教の始まりはいつ？

縄文時代？
弥生時代？
旧石器時代？
諸説あるが、まあ、国生みからと思ってくれればよいぞ

神道の神話は天地の始まりとイザナギ・イザナミの国生みから始まる。しかし、歴史的にはどこまでさかのぼれるのか、はっきりとはわからない。

初転法輪！
これが始まりっ！

仏教は紀元前500年頃に釈迦が教えを説いたことに始まる。仏教は多くの宗派に分かれているが、そのすべての起源は釈迦の最初の説法にある。

第1部
第2部
第3部

ラモン教）に疑問を抱いたことがありました。

◇神道の始まりをいうのは難しい

では、神道の始まりはどうでしょうか。

信仰的にいえば、**高天原《たかまのはら》（天上にある神々が住む世界）に神が出現した時、あるいはイザナギ（伊邪那岐命《いざなぎのみこと》）・イザナミ（伊邪那美《いざなみの》命《みこと》）が日本の国土や神々を生んだ時**といえるでしょう。

『**古事記**』や『**日本書紀**』が伝える**神話**によると、世界は最初混沌とした状態でしたが、天上に神が現われたといいます（17ページのコラム参照）。そして、さまざまな特性をもった神々が出現した後にイザナギ・イザナミが現われ、結婚して国土と地上の神々を生んだと語られています。

仏教やキリスト教が釈迦・イエスの説教から始まったということは、信仰のうえの真実であると同時に歴史的事実でもあります。しかし、神道の神話は歴史的事実とはいえません。

では、神道は歴史的にはいつ始まったといえるのでしょうか。

これに答えるのはとても難しいことです。神道の始まりは考え方によって異なり、そのどれとも決めがたいからです。

有力な説の一つに**弥生《やよい》時代**に始まるとするものがあります。たしかに稲作が祭祀《さいし》と深く結びついていたことや、鏡や剣を祭に用いていたことなど多くの共通点があります。神話にも弥生時代を思わせる描写があります。

では、土偶に象徴される縄文時代の信仰は神道と関係ないのでしょうか。あるいはもっと古い旧石器時代の信仰はどうでしょうか。

おそらく神道には**縄文時代の信仰も旧石器時代の信仰も含まれている**と思われます。しかし、だからといって旧石器時代に始まるともいいがたいのです。この曖昧さと複雑さが神道の難しさであり深さでもあるのです。

COLUMN

『古事記』と『日本書紀』で異なる日本の始まり

『古事記』と『日本書紀』は現存最古の歴史書ですが、その巻頭に神話を収録していることから神道においても重視されています。

ところが、この両書では神話の筋や登場人物（神）が違っていることが少なくないのです。冒頭に語られる日本の始まりも異なっています。

この世の始まりの時、世界は混沌としていて、そこに神が出現する、というあらすじは共通しているのですが、語られ方も登場する神も違うのです。

『古事記』では、まずアメノミナカヌシ(天之御中主神）をはじめとした別天《ことあま》津《つ》神《かみ》五柱《いつはしら》という５柱（日本の神は１柱、２柱と数える)の神々が、天地が分かれてほどない天空世界（高天原）に出現します。続いて７代の神々が続き、その最後にイザナギ・イザナミが現われます。

いっぽう『日本書紀』では別天津神五柱は登場せず、７代の神の出現から始まるのですが、その記述の前に、混沌としていた世界が次第に澄んでいって、澄んだ部分が天になり、濁りが沈殿して大地になったことが記されています。

こうしたことから『古事記』が神の出現にのみ興味があるのに対し、『日本書紀』は世界の成り立ちにも関心があることがわかります。

歴史その❷ それぞれの広まり
神道は統合、仏教は分裂して広まった

◇次第に統合されていった神道

前項で述べたように、神道の始まりの時期を特定するのは難しいのですが、特定の人物や地域の信仰が全国に広まったのではないことは確かです。

それぞれの**地域ごとに独特の神様**が信じられており、それらの神様が活躍する**地域独自の神話**が語られていたと思われます。神を祀る方法も地域ごとの特色があったでしょう。

しかし、古代といえども地域だけで孤立して暮らしていたわけではありません。石器に使う黒曜石とか宝石として珍重された翡翠《ひすい》などの貴重品や特産品などを求めて交易も行なわれました。これに伴って**信仰などの文化も伝わっていった**のです。

伝わるだけではなく、**霊験**があると信じられた神はほかの地域でも信仰されるようになりました。**神話や儀礼なども共有されていったでしょう**。

やがて力をつけた地域は、周囲の地域を併合したり征服したりするようになりました。そうしたところでは勢力を拡大した地域の信仰が公然のものとなり、占領された地域の信仰は吸収されました。

こうして最後に残ったのが**ヤマト朝廷**であり、その信仰が**神道の骨格**となったのです。

しかし、信仰がすっかり画一化されたわけ

仏教の伝播

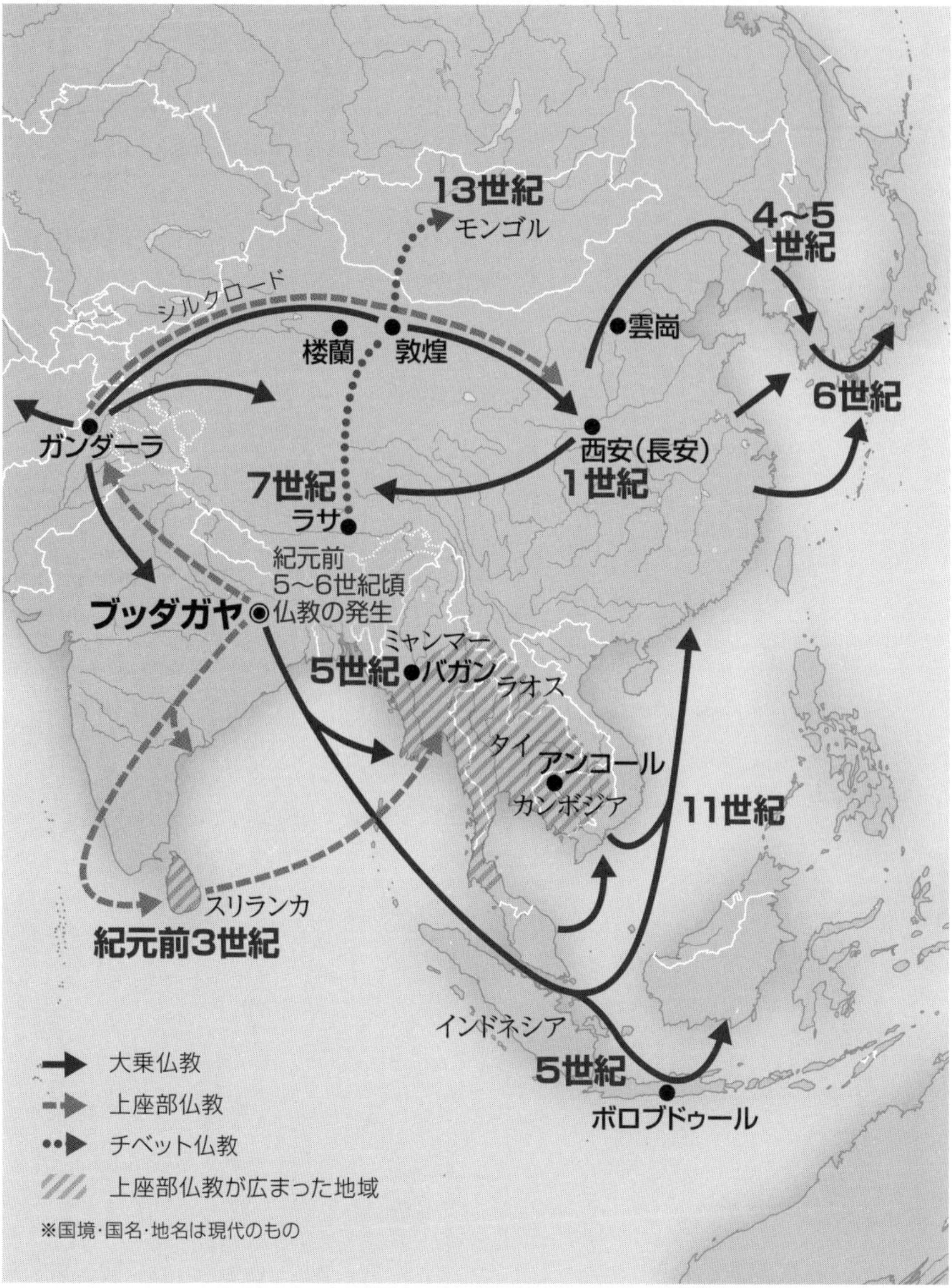
13世紀
モンゴル
4～5
世紀
シルクロード
雲岡
楼蘭
敦煌
6世紀
ガンダーラ
西安(長安)
1世紀
7世紀
ラサ
紀元前
5～6世紀頃
ブッダガヤ
仏教の発生
ミャンマー
5世紀
バガン
ラオス
タイ
アンコール
カンボジア
11世紀
スリランカ
紀元前3世紀
インドネシア
5世紀
ボロブドゥール
大乗仏教
上座部仏教
チベット仏教
上座部仏教が広まった地域
※国境・国名・地名は現代のもの

ではありません。ヤマト朝廷の勢力が全国に及ぶようになっても、地域ごとの信仰の独自性は残りました。その一部が「風土記」の神話や神社の行事などの形で今に伝えられています。

◇分裂をしながら広まっていった仏教

仏教は当初、釈迦とその弟子たちからなる小さな教団でした。弟子たちは共同生活をしながら釈迦の教えに従って修行をし、悟りを目指しました。そうした弟子たちの集団がいくつかの都市にありました。また、家庭や仕事のため出家《しゅっけ》できない信者は教団を経済的に支え、釈迦や弟子たちから教えを受けました。

先にも述べたように当時のインドは都市が発展して、経済的に豊かな人が増えていました。彼らは知識欲が旺盛で、新しい信仰を積極的に応援しました。智慧《ちえ》によって迷いを断ち悟りを得ようとする仏教は、彼らの志向に合致しており、多くが信者になったのです。

出家者も在家《ざいけ》（出家しない）の信者もどんどん増えていきましたが、釈迦の死後は**教えの解釈**をめぐって対立も起こるようになりました。初期の仏教教団では**経典を作らず、教えは口伝えで広められていた**ということも、こうした混乱の一因になったと思われます。

また、教えが哲学的に深められていった結果、一般の信者には理解できないほど**難解になってしまった**ことも、教団内の対立を招きました。

そして、教団は教理を突き詰めて研究していく**上座部**《じょうざぶ》と、広く教えを広めていこうとする**大乗**《だいじょう》に分かれることになりました（21ページのコラム参照）。

こうして分裂した仏教教団のうち、上座部系の仏教はスリランカや東南アジアへ、大乗仏教は中央アジアから中国、朝鮮半島を経て日本に伝わったのです。

COLUMN

上座部仏教と大乗仏教

本文で述べたように、仏教教団は釈迦の死後、多くのグループに分裂していきました。これは、釈迦の教えのどこを重視するかについて意見が対立したことによります。

こうしたグループの中で釈迦在世中からの修行法や教団のあり方を守る主張した一派を上座部といいます。仏教教団の中で位の高い僧が多く含まれていたからです。

この上座部がいわば主流派となっていたのですが、彼らが説く教えがしだいに煩雑で難解になっていくことに対して反発も出てきました。

とくに批判的だったのが在家信者たちでした。上座部の僧たちは自分が悟りを開くことしか考えていないと、彼らは考えたのです。

そして、悟りを得ることより多くの者を救うことを重視する教えを生み出しました。これが大乗仏教で、成立したのは1世紀頃のこととされます。

大乗とは多くの者が乗れる船のことで、誰もが救われる教えであることを表わしています。これに対して小乗は一人しか乗れない舟のことで、上座部仏教を表わします。しかし、これは大乗仏教側から上座部に向けられた蔑称なので、今は用いません。

上座部の僧たちは自分が悟ればいいと考えていたのではなく、まず自分が悟りを開いてブッダとなり、そのうえで人々を救おうとしていたのです。

歴史その③ 神道ミーツ仏教
仏教が日本にやってきた！

◇1回だけじゃなかった？ 仏教伝来

インドから東へ東へと伝えられてきた仏教は、とうとう日本に至ることになります。いわゆる**「仏教伝来」**です。

「仏教伝来」は**欽明《きんめい》天皇**の治世のことで、具体的には**百済《くだら》**（朝鮮半島にあった王国の一つ）の聖明《せいめい》王から**経典と仏像**などが献上されたことをいいます。

その年を『日本書紀』は欽明天皇の13年、すなわち西暦552年だとしていますが、宣化《せんか》天皇3年（538）とする史料もあり、定かではありません。

実は仏像などが日本に伝えられたのは、この時が初めてではありません。たとえば、継《けい》体《たい》天皇16年（522）に来日した司馬達等《しばたっと》は、自邸に小さな堂を建てて仏像を安置していたといいます。司馬達等にかぎらず渡来人の多くが仏教の信者で、仏像を所蔵していたものと思われます。

聖明王から欽明天皇への仏像などの献上は、それらのこととは違い、**公式に仏教が伝えられた**ことをいいます。

この出来事は、たんに一つの宗教が日本に伝えられたということではありません。**国同士の友好関係を確かめるという政治的意図**が込められていたのです。当時の朝鮮半島は軍事的緊張状態にあったので、百済としては日

蘇我氏vs物部氏の政治闘争

西暦	天皇	
522	継体	司馬達等、来日。小堂を建てて仏像を安置する。
536	宣化	大伴金村・物部《もののべの》麁《あら》鹿《か》火《い》を大連《おおむらじ》、蘇我稲目を大臣《おおおみ》に任じる。
537		新羅、任那に派兵。
538		百済より仏教伝来(『元興寺縁起』『上宮聖徳法王帝説』による)。
540	欽明	物部尾輿、任那のことで大伴金村を失脚させる。
552		百済の聖明王が仏教を伝える(『日本書紀』による)。
		蘇我稲目、向原の自宅を寺として仏像を安置。
		物部尾輿と中臣鎌子、向原の寺を焼き、仏像を投げ捨てる。
570	敏達	蘇我稲目没。物部尾輿ら堂塔を焼く?
579		新羅が仏像を献上。
584		司馬達等の娘、出家する。
		蘇我馬子、自宅に仏殿を作る。
585		蘇我馬子、塔を建てて法会を行なう。
		物部守屋、塔・仏殿を焼き、仏像を難波の堀江に棄てる。
587	用明	天皇、病気となり仏教に帰依することを望む。
	崇峻	蘇我馬子、物部守屋を攻め滅ぼす。
588		法興寺(飛鳥寺) 創建される。
593	推古	聖徳太子、四天王寺を創建する。
594		三宝興隆の詔《みことのり》布告。諸氏が先祖のために寺院を建てる。
607		推古天皇、神祇拝礼の詔を下す。

仏教は公式に伝えられる以前から、渡来人によって日本に持ち込まれていた。しかし、豪族たちは受容すべきかどうかを権力闘争の材料とした。

本との同盟関係を確かなものにしておきたかったのでしょう。

◇異国の神として受け入れられた仏教

では、日本側は仏教をどう受け止めたのでしょうか。『日本書紀』はその時のことをくわしく記録しています。

仏像などを受け取ったものの**信仰の対象とすべきか決めかねた**天皇は、臣下たちに意見を求めたといいます。

これに対し**蘇我稲目**《そがのいなめ》は「西の諸国はみな礼拝しています。日本もそうすべきでしょう」と言いましたが、**物部尾輿**《もののべのおこし》と**中臣鎌子**《なかとみのかまこ》は「歴代の天皇は日本の神々を祀ってきたというのに、蕃神《ばんしん》（異国の神）を祀ったりしたら、国の神々はお怒りになるでしょう」と言って反対しました。

しかし、尾輿らの反対意見は少々無理があるように思います。というのは、『古事記』『日本書紀』の神話には中国や朝鮮半島に起源をもつ神が登場するからです。**「八百万《やおよろず》の神」**というように、**神道はさまざまな神の存在を認めており**、信仰の秩序を乱すものでなければ異国の神も受け入れてきました。

尾輿らは仏教を**政敵を批判する口実**に用いたというのが実態でしょう。尾輿たちは疫病の流行を仏教のせいにして寺を壊し、仏像を運河に投げ捨てました。

蘇我氏と物部氏の対立は馬子と守屋の世代に持ち越され、蘇我氏が物部氏を攻め滅ぼしたことで決着がつきます。以後、仏教は本格的に受容されていくことになります。

しかし、仏教がどのような宗教であるのか理解されるようになるのはまだ先のことです。欽明天皇や物部尾輿は仏を異国の神と受け取りつつ、**仏像のきらびやかさに驚いています。**神道では神の姿を見ることは畏れ多いことと考えますので、神像は作られなかったからです。

歴史その❹

新たな信仰への変貌

キラキラな世界宗教の仏教に衝撃を受けた神道

◇仏教の受容度は文明の指標

物部氏の滅亡後、日本は急速に〝**仏教国化**〟していきます。これには理由がありました。当時の東アジアでは、仏教をどの程度受容しているかが**国の文化水準を示す指標**とみられていたからです。

仏教を受容するということは、一つの信仰を受け入れるだけではありません。現存最古の木造建築である法隆寺の建物を思い浮かべてください。仏教を受容するということは、こうした**大寺院を建てる**ということでもあるのです。仏教が伝来した頃、天皇の宮殿でさえ掘立柱《ほったてばしら》で板葺《ぶ》きの建物でしたから、仏教に伴って伝えられた文化・技術がいかに高度であったかがわかるでしょう。

ですから、外国の使節などはその国に寺院があるのか、その規模はどの程度なのかを見て、国の文化や技術の水準をはかったのです。

さらに重要なことは、仏教を受容し寺院を建てるということは、巨大な堂や超高層建築の塔を建てる**建築・土木技術**を取り入れるだけではないということです。仏像・仏画・瓦《かわら》・仏具などを作る**工芸技術**、僧の法衣《ほうえ》を作るための**縫製や染色の技術**、さらには**医療や料理に関する知識**なども伝えられました。当時の**最先端技術が一斉導入**されたわけです。

当然、多くの技術者も来日したことでしょう。カルチャーショックもいろいろあったことと思います。それらを乗り越えて法興寺《ほうこうじ》（飛鳥寺《あすかでら》）・四天王寺《してんのうじ》・蜂岡寺《はちおかでら》（広隆寺）といった本格的な寺院が造られていったのです。

◇自らが神道であることを自覚した神道

外来の神に融和的な神道も、これだけ大規模な文化的な変動を前にして影響を受けずにはいられませんでした。

それまでにも中国や朝鮮半島の宗教との直接・間接の接触はありましたが、国境・民族を越えて広く信仰される**世界宗教とは初めての出会い**でした。

神道に関わる者たちが一番衝撃を受けたのは、次の2点だったと思われます。

すなわち、**きらきらとした神の像（仏像）**が礼拝の対象となっていることと、**寺院の大きさ**です。仏教伝来以前に社殿や神像があったのかについては意見が分かれるところですが、神道では**岩や木、鏡、剣**などに宿った**神の霊**を祀るのが一般的で、それを納める建物も祭の時だけ使われる**仮設的なもの**が多かったと思われます。仮に常設の社殿があったとしても、寺院の堂塔みたいに千年の風雪に耐え得るものではなかったでしょう。

神道の担い手たちは巨大な寺院と、そこで行なわれる豪華な儀礼を目にして、神祀りのあり方を見直す必要を感じたのだろうと思います。それと同時に、自分たちが守ってきた信仰が仏教とは違う〝宗教〟だということを自覚するようになりました。

それまではどの氏族がどんな神を祀っているかが問題だったのですが、仏教を知ったことにより、日本古来の信仰を**一つの宗教と意識した**わけです。

いっぽう仏教のほうも日本に根づくにつれて、徐々に神道の影響を受けていきました。

互いに影響を受けながら日本の信仰を形成していった

神道

あえて仏教（寺院）的要素を排除した社殿建築を確立
掘立柱、自然素材の屋根葺き材などを使用

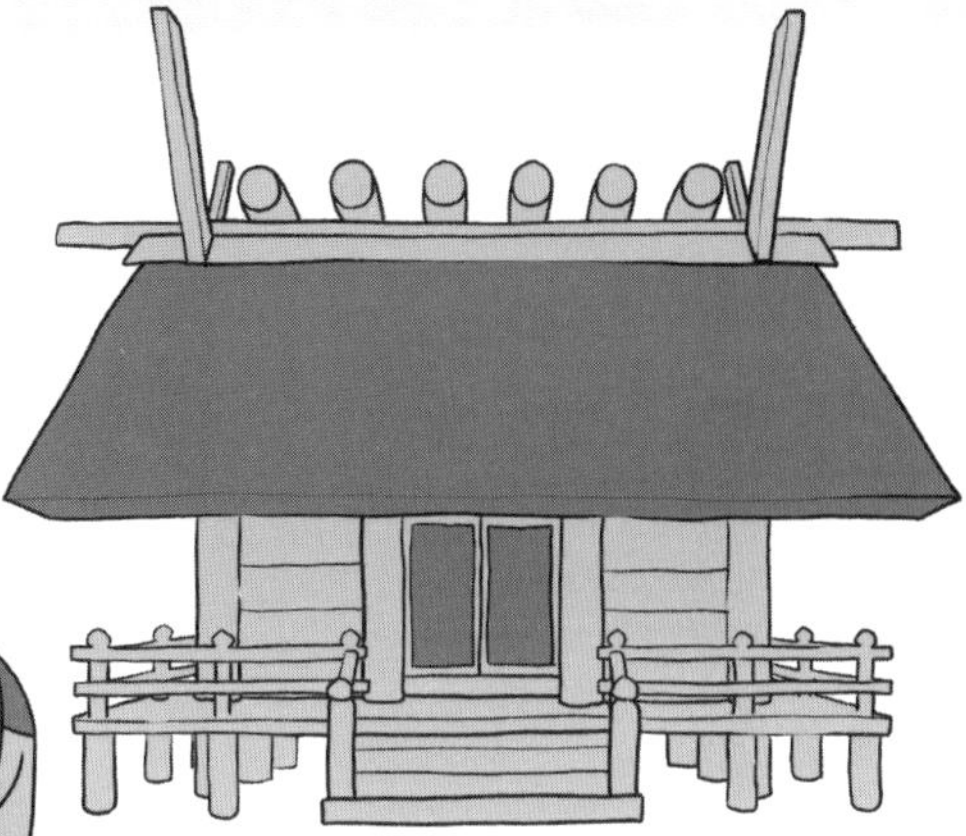

神像の出現
神を人の姿で現わすようになる。

その他、僧の姿の神の像「僧形八幡神」が作られたり、仏教とともに伝わった「狛犬」が神社に置かれるようになったりしている。

仏教

屋根に自然素材を使用した堂の出現
神が住むような場所（山岳など）に寺を建てるなど

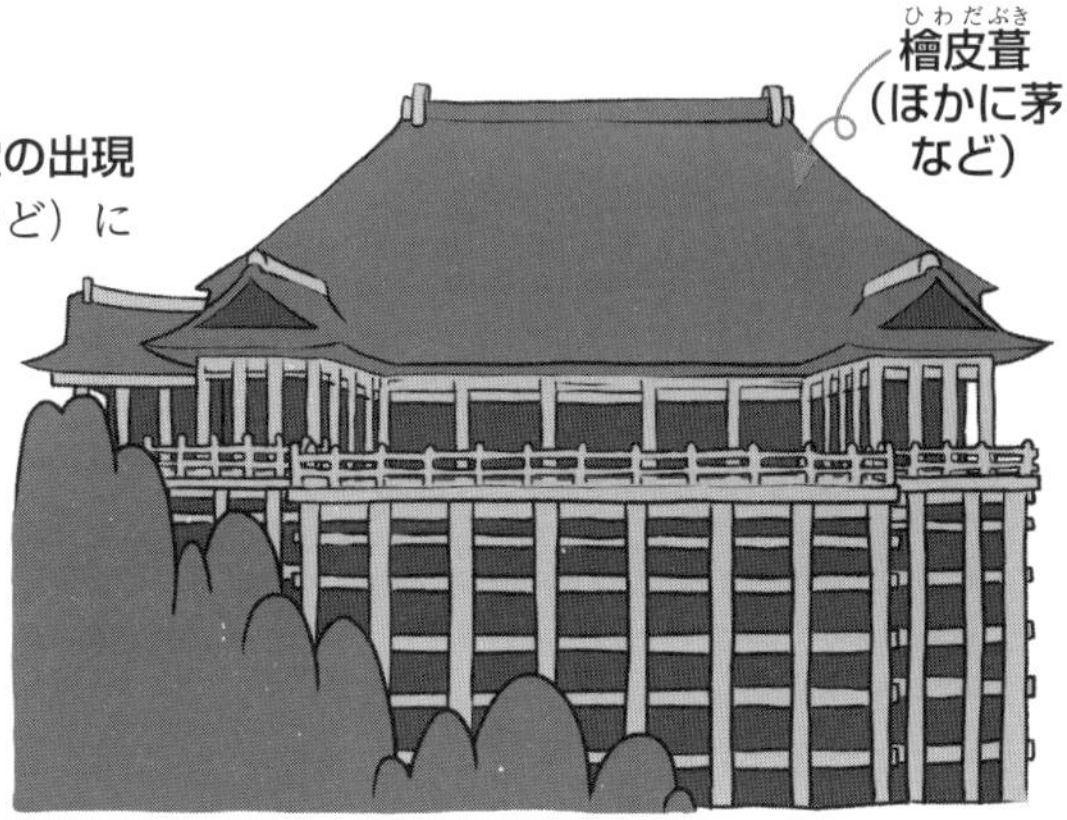
檜皮葺《ひわだぶき》
（ほかに茅など）

秘仏の出現
仏像を厨子に入れ、神のように普段は見られないようにする。

歴史その⑤

神仏習合
神道と仏教が混交し、境界が曖昧になっていく

◇日本的信仰の到達点

仏教のような世界宗教（ほかにはキリスト教やイスラム教があります）が伝わると、それまで信仰されていた宗教は駆逐されてしまうことが少なくありません。民間信仰として生き残ることもありますが、迷信扱いされてしまいます。

ところが日本ではそのようなことは起こりませんでした。奈良時代以降、仏教は**国家鎮護の宗教**として位置づけられ、大きな権威をもつようになります。しかし、それによって神道が衰退するということはなく、**朝廷の宗教**であり続けました。

駆逐が起こらなかった代わりに生じたのが、**混交**でした。神道と仏教は互いに影響を受けて相手の要素を取り入れるようになり、その間の**境界が曖昧になっていきました**。これが**神仏習合**です。

神仏習合の様相は時代によって変化しましたが、**現代もまだその影響下にあります**。今でも多くの家に神棚と仏壇の両方がありますし、神社とお寺両方のお守りをもっていても何の違和感も抱かない人がほとんどでしょう。

否定的にいわれることもありますが、神仏習合は日本人が長い時間をかけて形成してきた**日本的信仰の一つの到達点**といえます。

なお、中国でも道教が仏教の影響を受けて

仏教の世界観に日本の神様が取り入れられた

化身ってところでいかがでしょうか？そうするとお互いウィンウィンで信仰を広められるかと
で、ワシはお前さんの化身なのかな？ガードマンなのかな？弟子なのかな？
お前さんがワシの化身だっていう者もおるようじゃが

道仏習合的な現象が起きました。しかし、日本のように完全に融和したわけではなく、道教を信奉する皇帝による徹底した仏教排斥（破仏《はぶつ》といいます）が繰り返し起こりました。

◇仏の化身とされた日本の神

神仏習合はまず、日本の神を**仏教の教理・世界観の中に位置づける**ことから始まりました。

神道が**神話と祭を通して世界観や価値観を伝える**感性的・情緒的な信仰であるのに対し、仏教は**緻密な教理**に基づく理屈っぽい信仰です。その仏教が日本に根づくにあたって、在来の信仰である神道、とくに神々を仏教教理・世界観のどこに位置づけるかが、仏教側にとっても神道側にとっても問題でした。

最初にいわれるようになった説明は、日本の神も悟りを求めて修行する存在だとするものでした。

仏教はインドで広まっていく過程で、在来

のバラモン教の信仰・神話を教理に利用しました。信仰の対象となっていた神々も悟りを得ていない以上、死後は別の生き物に転生する輪廻《りんね》の苦しみに囚われているのだとし、その苦しみから脱するには釈迦（ブッダ）から教えを受けなければならないと説きました。日本の神も同様だとしたのです。

　また、インドの神々は仏教を悪魔や異教徒から守護する護法神ともされました。帝釈天《たいしゃくてん》や四天王《してんのう》はその代表ですが、**日本の神々も仏教を守っている**とされました。

　平安時代になると、日本の神は**仏（如来《にょらい》・菩薩《ぼさつ》・明王《みょうおう》・天《てん》）の化身**だとする説が広まりました。日本はインドから遠く離れ独自の文化が発展した地なので、仏の姿では人々を導きにくい、そこで神の姿をとって人々を救ってきたというものです。これを**本地垂迹《ほんじすいじゃく》**といいます。仏（本地）が人々の救済のために仮の姿を現わす（垂迹）といった意味です。「○○権現《ごんげん》」「○○大権現」といった神の名前を聞いたことがあるでしょうか。これも本地垂迹説に基づく言葉で、**「仏が仮に（権）現わした姿」**を意味します。

◇神社境内の変貌

　神仏習合が進むにつれて神社の景観も変わっていきました。隣接地に**神宮寺**が造られたり、境内に**仏像を安置した堂塔**が建てられたりするようになったのです。神社の祭神を仏教の儀礼で祀るためのもので、**神前での読経**も日常的に行なわれました。

　また、境内風景の中に仏の姿をした祭神を描いた**垂迹曼荼羅《すいじゃくまんだら》**や**僧の姿をした神の像**なども作られました。

　神道には仏教経典のような教義を理路整然と説く聖典がありませんので、信仰のありようを言葉で説明するのがあまり得意ではありませんでした。しかし、鎌倉時代頃より神道においても教義を説く本がさかんに書かれるようになりました。そうした中で、神こそが本体だとする反本地垂迹説や神道を仏教から分離させようという考えもでてきました。

仏を神の姿で表す南北町時代の神道の曼荼羅『春日曼荼羅』（宝山寺蔵）。

◇神道化した仏教

いっぽう仏教のほうでも日本に根づくにつれて神道の影響が現われるようになりました。そのもっとも顕著な例が**秘仏**（73ページコラム参照）でしょう。神道には、**神霊が宿る神体などを見るのは畏れ多い**という信仰があります。これが仏像にも適用されたのが秘仏だと考えられるからです。

また、日本人が神の存在を感じるような**霊地**（霊山など）に寺院が建てられるようになったのも、神道の影響といえるでしょう。

こうした仏教の神道化の中から生まれたのが**修験道**《しゅげんどう》です。修験道は日本古来の山岳信仰が**密教**の呪術的な儀礼・修行法と結びつき、さらには**道教**や**神仙思想**なども混じり合って成立した**ハイブリッドな宗教**です。山岳修行で身につけた霊力で現世利益の祈禱を行なう**修験者**《しゅげんじゃ》（修験道の行者）は、民衆にとってもっとも身近な宗教者でした。

COLUMN

同じ名前の神社が多いのはなぜ？

○○八幡宮とか○○天満宮、○○稲荷神社といった名前の神社が、読者が住まわれているところの近くにもあるのではないでしょうか。「○○」のところには地名が入ることが多いのですが、神社創建の由緒に関わる言葉や神社の特徴（土地の名所となっている巨石とか花木など）を表わす言葉が入ることもあります。○○神明宮・○○熊野神社といった社名もあちこちで見かけます。

○○の後の名前が共通している神社は、御祭神が共通しています。たとえば、八幡宮または八幡神社とある神社は、八《や》幡大神《はたのおおかみ》（応神《おうじん》天皇）を祀っています。

こうした神社は由緒をたどっていくと一つの神社に行き着きます（まれに数社のこともある）。八幡宮・八幡神社なら大分県の宇佐神宮、稲荷神社なら京都府の伏見稲荷大社、天満宮・天神社なら北野天満宮（京都府）もしくは太宰府天満宮（福岡県）などです。つまり、共通の名前をもつ神社は宇佐神宮や伏見稲荷大社などから御祭神の神霊が分けられていったものなのです。これを分霊・分社といいます。

こうしたことが起こる背景には、日本の神様は神霊を分けることができるという信仰があります。分けられた神霊（分身・分霊）は元の神様と同じ性質、同じ神威をもっています。ですから分社でも元の神社（総本宮・総本社）と同じ御神徳・御利益が得られるのです。

COLUMN

一宮、総社、二十二社とは？

近代以前、日本の行政区画には国が使われていました。たとえば、今の東京都と埼玉県に当たる地域は武蔵《むさし》国で、静岡県は遠江《とおとうみ》国・駿河《するが》国・伊豆国の３カ国から成っていました。この国ごとにもっとも権威があるとされた神社が一宮《いちのみや》です。

実は一宮はいつ、どのようにして決まったのか、はっきりしたことがわかっていません。全国的な制度であるにもかかわらず、記録が残っていないのです。貴族の日記や文学作品の記述から推測すると、地域による時差はありますが、おおむね11～12世紀頃に成立したようです。

一宮が決められた背景には、国司《こくし》の国内神社巡拝の慣習があったとされます。国司の重要な任務の一つに国内の神々の祭祀があり、着任時などに主要な神社を巡拝することになっていたのです。この時、国司がどういう順番で神社を巡るかは大きな問題で、重要度に応じたものでなければなりませんでした。ここから最初に参拝する神社を一宮、次を二宮、三番目を三宮と呼ぶようになったのではないかと考えられています。

これに対して総社《そうじゃ》は、国内の主要神社の御祭神をすべて祀っている神社です。国司が日常的に国の神々を祀れるように設置されました。

いっぽう近畿地方には二十二社《にじゅうにしゃ》と称される神社があります。朝廷を守護する22の神社のことで伊勢神宮も含まれます。当初は16社でしたが、だんだんと数が増え、院政期（11～12世紀）に22となりました（125ページ参照）。

歴史その⑥ 神仏分離 明治政府が神社から仏教色を排除！

◇「神仏分離令」という法律はなかった

ある出版社の中学用の歴史教科書にこんな一節があります。「政府は1868（慶応4）年、奈良時代から続いてきた神仏習合の慣習を改めようと考え、神社から仏教色をなくす神仏分離令を定めた」

これを読むと「神仏分離令」という法律か政令があったように思ってしまいますが、そういう名前の法律・政令はありません。「神仏分離」は慶応4年3月から10月にかけて発布された一連の**太政官布告《だじょうかんふこく》・太政官達《たっし》・神祇官《じんぎかん》達《たっし》の総称**なのです。ちなみに、太政官と神祇官は明治政府の最高行政機関で、太政官は行政一般、神祇官は全国の神社を管轄しました。

さて、この一連の布告の目的は、教科書にもあったように**神社から仏教色を排除すること**でした。具体的には、僧侶が神社に奉仕することの禁止、神社から仏像・仏具を撤廃すること、神に対して菩薩とか権現といった仏教的な称号を使うことの禁止などです。

明治政府は摂政・関白や武家政権が権力を握る以前、天皇が直接統治していた時代を理想として、政治体制をその時代に戻すことを目指していました（これを**王政復古**といいます）。そして、神道をその**精神的支柱**にしようと考えていたのです。

明治6年（1873）の啓蒙書『開化乃入口』（国立国会図書館蔵）に描かれた廃仏毀釈の図。
僧侶が嘆く前で神職や町人が燃やしているのは経本か。

その神道が外来宗教である仏教と混交していては日本の精神的支柱にふさわしくないので、仏教色を排除することになったわけです。

◇失われた多くの有形・無形の文化財

明治政府は神社から仏教色を除くことだけを目的としていたのですが、地域によっては**仏教排斥運動（廃仏《はいぶつ》毀釈《きしゃく》）**に発展しました。寺院が壊され、仏像や経典が焼かれるといったことが起こったのです。奈良の興福寺でさえ、僧侶がほとんどいなくなり、五重塔が売りに出されるといった事態に陥りました。

これによって数多くの文化財が失われました。今は国宝に指定されている仏像の中にも、廃仏毀釈で道端に棄てられたと伝えられるものがあります。

この神仏分離を機に**寺院から神社に転じた**ところもありました。奈良の談山《たんざん》神社はその一例です。

神道と仏教の教え

「煩悩」を断つ仏教と「明浄正直」の神道

神道にしても仏教にしてもその教えをきちんと述べようとすれば、まるまる1冊分のページ数を費やしても足りません。とくに仏教は多くの宗派に分かれていて、そのそれぞれで教義が異なるのです。したがって、ここで述べることは、きわめて簡単な概略と思ってください。

◇無知が苦しみを生む

仏教の開祖・釈迦が悟りを目指すようになったきっかけは、**病気や老い、死といった避けられない苦しみ**があることを知ったことだったといいます。シャカ族の王子として育った釈迦は、そうした苦と直面することなく育ってきたのでした。

釈迦はなぜ苦しみは起こるのか、どうすれば苦から逃れられるのかを考えました。そして、苦の原因が**煩悩**《ぼんのう》（さまざまな欲を引き起こす心の働きのこと）にあり、煩悩は**真理に対する無知から生じる**ことを見出したのです。

たとえば私たちは、人間はかならず老いること、死ななければならないことを知っています。しかし、それが無限に遠い先のことであるかのように自分を騙《だま》して直面しようとしません。その結果、老いや死に不意打ちをされて恐れ苦しむのです。

親しい人との別れの苦しみも、いつまでも一緒にいられるという間違った思い込みが原

神道と仏教の教えのキモ

神道

神職、崇敬者が保つべき徳

明《めい》浄《じょう》正《せい》直《ちょく》

明—明るく
浄—清く
正—正しく
直—素直に

神々の世界の再現を目指す
たとえば——
神の宮殿を模した社殿
神話を再現した祭、神楽
手水や禊、お祓いによって罪ケガレを祓う

☆なかでも清浄（罪ケガレの除去）が重視される

仏教

苦 ← 煩悩 ← 無知（無明）

たとえば、死はずっと先のことと自分を騙す
親しい人との別れなどないものと思う
欲しいものは何でも手に入ると考える、など

↓

苦をなくすには、この世界を正しく理解するための知をもち、それによって煩悩を断つこと

そのための方法＝**八《はっ》正《しょう》道《どう》**

正見《しょうけん》(正しい見解)、**正思**《しょうし》(正しい思惟)、**正語**《しょうご》(正しい言葉)
正業《しょうごう》(正しい行ない)、**正命**《しょうみょう》(正しい生活)、**正精進**《しょうしょうじん》(正しい努力)
正念《しょうねん》(正しい思念)、**正定**《しょうじょう》(正しい瞑想)

※さらに完全な悟りを得るための方法が模索され、さまざまな宗派が生まれた

因です。こうした自己欺瞞や間違った思い込みは、尽きることなく欲望を生む煩悩がもたらしたものです。

ですから、本当に苦しみから逃れるためには、**世の中のあり方を正しく理解し、煩悩を断たねばならない**のです。

完全に煩悩を取り除いた境地のことを**涅槃**《ねはん》といいます。では、どうやって涅槃に至るのか。その方法をめぐって多くの宗派が生まれてくることになるのです。

◇神道の理想は「明浄正直《めいじょうせいちょく》」

いっぽう神道では神職や崇敬者が目指すべき徳は**「明浄正直」**だとします。現代風に言い直しますと、**「明るく、清く、正しく、素直に」**ということです。

一見道徳のようですが、そうではありません。神道とは神に仕えることですので、道徳のように**「明浄正直であるよう努力しましょう」では不十分**なのです。それぞれの人ができるかぎりの**「明浄正直」であらねばならない**のです。

では、なぜ「明浄正直」でなければならないのでしょうか。それは神々の世界が完全な「明浄正直」だからです。

私たち人間は欲や愚かさからあやまちを重ね、**罪ケガレ**を生み出してしまいます。罪ケガレは「明浄正直」を失わせ、災害や事件を引き起こします。

そこで、**神社の境内や祭の間だけでも神々の世界の再現であろうとする**のです。もちろん、神々の世界をすっかり再現することはできませんが、神事の前には**身を清める**など「明浄正直」であるよう努め、さらに**社殿**を神の宮殿に似せて造ったり、**神輿渡御**《みこしとぎょ》（祭神の神霊を乗せた御神輿が町をめぐること）や**神楽**《かぐら》**などで神話を再現する**ことで、それに近づけているのです。

COLUMN

戒律と天津罪《あまつつみ》・国津罪《くにつつみ》

仏教の信者となる時や僧となる時、「戒律」の遵守が求められます。逆にいえば、戒律を守れなければ仏教徒・仏教僧として認められないということです。

戒律が重視されるのには二つの理由があります。一つは、悟りを得るには身を律して正しい生活を送る必要があるからです。もう一つは、出家者たちは集団生活をしていましたので、トラブルを防ぐために規則が必要であったからです。

もちろん、在家信者と出家者（僧）では守るべき戒律が違います。経典によって異なっているのですが、在家の場合は生き物を殺さない（不殺生《ふせっしょう》）・盗みをしない（不偸盗《ふちゅうとう》）など5カ条（五戒といいます）であるのに対し、男の僧（比丘《びく》）は250カ条、女の僧（比丘尼《びくに》）は348カ条ありました。ただ、日本ではあまり重視されませんでした。

いっぽう、神道には仏教の戒律に当たるものはありません。しかし、それに準じるものとして「明浄正直《めいじょうせいちょく》」と「天津罪・国津罪」をあげることができます。

「明浄正直」（意味は前項参照）はもともと官僚が守るべき道徳として天皇の詔《みことのり》で述べられたものでしたが、のちに神道に取り入れられました。「天津罪・国津罪」は大祓《おおはらい》という行事の際に神職が唱える祝《のり》詞《と》に出てくるもので、罪ケガレの原因となる悪行をいいます。このうち天津罪は稲作への妨害行為など8カ条、国津罪は傷害行為や近親相姦などで13カ条あります。今日の感覚では罪に含まれないものもあり、宗教的な意味でのタブーと考えられています。

神様と仏様、どこが違うの？

私たちも目指せる仏様と最初からムリな神様

◇もとは人間の仏

神仏習合の影響もあって、日本では神道の神も仏教の仏も等しく信仰の対象になっています。「神仏」といったようにひとくくりにして語られることも少なくありませんが、神と仏はまったく違ったものです。

まず仏ですが、これはサンスクリット語の**ブッダ**の音写**「仏陀」の略**です。ブッダは**悟りを開いた者に対する称号**で、**覚者**とも意訳されます。**如来《にょらい》・世尊《せそん》**ともいいます。

実はブッダという称号は仏教だけのものではありません。古代インドでは真理を悟ったとされる者の多くがブッダを称していました。たとえば、ジャイナ教の開祖のマハーヴィーラもブッダと呼ばれました。

初期の仏教教団においてはブッダといえば釈迦のことを指しました。釈迦だけが完全な悟りを開いたとされたからです。

しかし、釈迦が悟った真理が地域や時代を超えた絶対的なものであるのなら、過去にも悟った者がいるだろうと考えられるようになりました。

釈迦の神格化が進むにつれて常人では生きている間にブッダにはなれないと説かれるようになりましたが、釈迦にしろ過去の仏にしろ、**もともとは人間**という点は変わりません。

なろうと思ってもなれないのが神様！

わらわは女神じゃ
高天原で
生まれた時から
ずっと神様じゃ
弥勒です
元は人間です
次の仏になるため
56億7千万年
考えています

◇人間は努力しても神にはなれない

いっぽう『古事記』『日本書紀』の神話では、神と人間の区別は明確です。**神は超越的な存在で、人間はそれを祀る立場**です。神が美女のもとにかよって子どもを作るということはありますが、**人が神になることはありません。**

でも、菅原道真や徳川家康は人間だけど神として祀られているじゃないか、と思われた方もおられることでしょう。こうした人を神として祀る**人神信仰**は、奈良時代以降に現われ、平安時代に広まりました。

強い怨みをもって死んだ人間は祟りをなすと信じられたので、神として祀って鎮魂したのです。これを**御霊《ごりょう》信仰**といいます。のちには並外れた人の霊も祀られるようになりました。ただし、いずれも祀られたのは死んだ後のことで、**自ら神になろうとした者はいません**（46ページのコラム参照）。

神様いろいろ

神話に登場するものしないもの、多彩かつ姿もいろいろ

◇古典の神と習合神、民間信仰の神

日本の神様は、**古典の神・習合神・民間信仰の神**の3種類に分けるのが一般的です。これに**外来神**を加えることもありますが、外来神も信仰が伝わった時期や誰に信仰されたかによって右の3種のどれかに分けることができます。

古典の神とは『古事記』『日本書紀』『風土記』『万葉集』などに登場する神のことです。これはさらに**天津神**《あまつかみ》と**国津神**《くにつかみ》の2種に分けられます。

天津神は**天神**《てんじん》ともいい、高天原におられる神のことをいいます。**アマテラス・スサノオ・イザナギ・イザナミ**など、天皇家やヤマト朝廷を支えた豪族の祖先神・守護神が中心となっています。

国津神は**地祇**《ちぎ》ともいい、地上で生まれ地上に住む神のことをいいます。**オオクニヌシ（大国主神）・スクナビコナ（少名毘古那神）・サルタビコ（猿田毘古神）**などがあります。

習合神は仏教や道教、陰陽道などとの関わりから信じられるようになった神で、**荒神**《こうじん》**・牛頭天王**《ごずてんのう》**・青面金剛**《しょうめんこんごう》などがあります。

民間信仰の神は民衆の日常生活の中で信仰されてきた神様で、**恵比須**《えびす》**（恵比寿・戎）・竈**《かまど》**神**《がみ》**・便所神（厠**《かわや》**神）**などがあります。

いろいろな姿で表わされる神様

◇姿による神の分類

彫刻や画像でどのような姿に表わされるかで分ける方法もあります。主な形式は、**俗体（俗人姿）**・**甲冑《かっちゅう》姿**・**僧形《そうぎょう》**・**習合形**の４種です。なお、本書11ページなどのイラストでも用いている髪を**美豆良《みずら》**に結った埴輪風の姿は近世以降に登場したものです。

まず俗体の神像ですが、近世以前に造られた神像は彫像・画像いずれも大部分はこの形式のものでした。俗体の男神は**衣冠束帯《いかんそくたい》**が多いのですが、女神像は**十二単風**の場合と**唐風の衣**の場合があります。

武神は甲冑姿で表わされることもあります。その甲冑にも和風と唐風があります。

八幡神のように仏教の影響が強い神は僧の姿で表わされることもあります。また、習合形は**仏像と混じった姿**の像のことです。

仏様いろいろ

修行の進捗や役割で違う、如来・菩薩・明王・天

◇仏の世界は4階級

厳しい身分制度があるインドにおいて釈迦は平等を説きました。その仏の世界に階級があるというのは矛盾しているようですが、この階級は修行の度合いや役割を表わすもので固定されてはいません。すべてのものが最高位の仏になれると仏教は考えます。

さて、その4階級ですが、上から**如来（仏）**・**菩薩**・**明王**・**天**となります。日本では**蔵王権**《ざおうごん》**現**《げん》や**三宝荒神**《さんぼうこうじん》のようにこの4階級に属さない習合神も信仰対象になっていますが、この項では略すことにします。

最高位の如来は**悟りを開いてブッダになったもの**のことで、本来「仏」と呼べるのはこの階級だけです。次の菩薩は**大乗仏教の修行者**を意味します。つまり、悟りを求めて修行するものは誰であれ菩薩といえるのですが、一般に菩薩と呼ばれているのは**観音菩薩**や**地蔵菩薩**といった超人的な神通力をもったものたちです。彼らは如来になる資格をもちながらも生きとし生けるもの（**衆生**《しゅじょう》）を救うためにあえて菩薩にとどまっているとされます。

明王は**密教**（53ページ参照）**で説かれる仏**で、圧倒的な力で煩悩や仏教の敵を打ち砕くとされます。天は**仏教と信者を守る仏**で、その多くはバラモン教やヒンドゥー教の神を取り入れたものです。

仏様の見分け方

如来
肉髻
螺髪
光背

螺髪《らほつ》という独特の粒状の髪型、肉髻《にっけい》という頭部の盛り上がり、そして衲衣《のうえ》をまとっただけの質素な姿。ただし、密教の教主である大日如来だけは菩薩のようにきらびやか。

菩薩
宝冠
装身具

さまざまな宝飾品を身につけ、冠をかぶることも。これは王子であった出家前の釈迦の姿がモデルであることによるとされる。

火焔光背
明王
異教の神

恐ろしい形相、炎の光背《こうはい》が特徴。不動明王以外は多くの手や足をもち、武具を手にしている。

天
甲冑

四天王や帝釈天のように甲冑を着て矛や剣をもち武装。邪鬼を踏むことも。弁才天のような女神もいる。

COLUMN

神様になった人間

本文でも述べたように、『古事記』『日本書紀』の神話では人と神は明確に区別されていました。人間のことは「青人草《あおひとくさ》」などと呼び、雑草のような扱いをしています（神の子孫とされた皇族や豪族は別のようですが）。

人を神として祀るようになるのは奈良時代の終わり頃からです。強い怨みをもって死んだ人は疫病をはやらせるといった祟《たた》りをすると信じられたため、賑やかに祀って怨みを鎮めようとしたのです。これを御霊《ごりょう》信仰といいます。御霊信仰が生まれた背景には、都の急速な都市化よる衛生環境の悪化があるともいわれます。

この御霊信仰に大きな転機が訪れたのが平安中期です。それは菅原道真（845～903）に対する信仰の登場によってもたらされました。道真は宇多・醍醐天皇に仕えた文人で政治家でしたが、藤原時平《ふじわらのときひら》らの陰謀により大宰府に左遷となり、この地で没しました。

道真の死後、政敵が相次いで没し、宮中に雷が落ちるなどしたため、道真の霊を敬い恐れる風潮が広まりました。それまでの御霊信仰では時間が経つにつれて死者の記憶は薄れていくのですが、道真の場合、逆に個人崇拝の傾向が高まっていったのです。それにつれて祟り神としての性格は薄れ、学芸の神として崇敬されるようになりました。

これ以降、歌人や学者、戦国武将など偉大な功績を残した人も、神として祀るようになりました。

COLUMN

国を超えて集まった七福神

読者の中にも、お正月には七福神めぐりをするという方が多いのではないでしょうか。７神の御朱印を集めたり、小さな神像を７つ集めて宝船に乗せ神棚などで祀ると、金運が開けて一年間豊かに過ごすことができるといいます。

ところで、七福神は神道の信仰なのでしょうか。それとも仏教なのでしょうか。

７神すべて祀っている神社やお寺もありますが、多くの場合、七福神めぐりは７つの社寺を巡拝するようになっています。つまり、七福神は神仏習合の信仰なのです。

そもそも「福神」は財神信仰が仏教と共に日本に伝えられて生まれたと考えられています。「財神」は祈願する者を富貴にさせる神のことで、ヒンドゥー教に起源をもつものです。仏教では毘沙門天・大黒天・弁才天・吉祥天がそうした性格をもちます。日本にも恵比須など商売を守る神として信仰された神がありましたので、財神信仰と混じり合って「福神」が生まれました。

なお、大黒天《だいこくてん》は仏教の護法神（天）ですが、オオクニヌシ（大国主神）の「大国」も「だいこく」と読めることから同一視されるようになり、神社でも祀られるようになりました。

最後に７神の出身をまとめておきましょう。

日本	神道	**恵比須**
インド	ヒンドゥー教	**大黒天**
インド	仏教	**毘沙門天**
インド	バラモン教	**弁才天**
中国	道教	**福禄寿《ふくろくじゅ》**
中国	道教	**寿老人《じゅろうじん》**
中国	禅宗	**布袋《ほてい》**

なぜ神社は神像ではなく御神体を拝むの？

神霊がとどまる「依り代」はいろいろある

◇仏の姿を思うのも修行のうち

神社では本殿に奉安される**神体**《しんたい》を礼拝し、寺院では本堂に安置される**本尊**《ほんぞん》**（仏像）**を拝みます。神社によっては神体が**山**とか**滝**ということもあり、その場合は建物に入れられないので本殿は建てられないことがありますが、ここでは神体は本殿に納められるものとして話を進めます。

さて、神体も本尊も礼拝の対象となっている点では共通していますが、その性質はまったく異なっています。たとえば、寺院の本尊は本堂の奥に設置された壇の上に安置されており、**参拝者が仰ぎ見られる**ようになっていますが、神社の**本殿の中は非公開**なので参拝者が神体を目にすることはありません。

また、仏像は知識がある人が見れば、それが何の像であるかすぐにわかりますが、神体は仮に見ることが許されたとしても、そこに宿っているのがどんな神なのかわかりません。

仏像の姿は経典に細かく定められています。それは仏の姿を思い浮かべることが重要な修行だとされるからです。これを**観仏**《かんぶつ》といいます。**念仏ももとは同じ意味**だったのですが、のちに仏の名を唱えることに変わりました。

◇神体は神霊が宿る依《よ》り代《しろ》

仏像を拝むのは、仏像を通して**仏そのもの**

仏の姿を表わした像と神霊がどとまるモノ

では、
この鏡に
神霊を宿して
おくことに
しよう
剣や勾玉、
山なども
よいのだが
なあ
なんで？ 似てる？
天パーの髪を
結ってただけ
なのに、コブと
パンチパーマに
なってる……
肉髻と
螺髪です
……

を礼拝するためです。阿弥陀如来像によって極楽浄土にいる阿弥陀如来の姿をありありと思い浮かべ、これを礼拝するのです。

これに対し、神社では本殿の**神体に宿っている祭神の神霊を拝します。**

日本の神は**岩**や**木**といった**〝物〟に依り着く**ことによって、その**場所に留まる**ことができると信じられてきました。こうした〝物〟のことを**依り代**といいます。神社で神体のことを**御霊代**《みたましろ》と呼ぶのは、「祭神の神霊の依り代」だからです。

神体には**鏡**や**剣**が用いられることが多いのですが、アマテラスなら鏡、スサノオなら剣といった決まりはありません。何が神体になるかは神社ごとの由緒によります。

神像を神体にしている神社もありますが、依り代に神像が選ばれたということで、仏像とは意味が違います。

宗派について
宗派が生まれた仏教と生まれなかった神道

◇平安時代に変わった宗派の意味

釈迦が教えを説いていた頃の仏教教団には宗派は存在していませんでした。教理の解釈で意見が対立した時は、**開祖の釈迦に尋ねればいい**からです。しかし、釈迦がこの世を去ると、さまざまな説を唱える者が現われ、教団内にいくつものグループが生じていきました。やがて、在家信者を中心としたグループから**大乗仏教**が成立し、これが東アジアに伝わりました。

大乗仏教の特徴の一つに、**多彩な内容の経典が多く作られた**ということがあります。大乗仏教は救済を重視したので、それを実現する方法ごとにいろいろな**仏（阿弥陀如来、薬師如来、弥勒《みろく》菩薩、観音菩薩、地蔵菩薩など）**が考えられたのです。

すると、**それらの経典のうちどれを重視するか**で意見が分かれるようになりました。これが宗派の始まりです。日本にはこの段階の大乗仏教が伝えられました。

奈良時代にはそれぞれの宗派が大寺院を拠点として教理の研究が進みました。これらの宗派を**南都六宗《なんとろくしゅう》（三論宗《さんろんしゅう》・成実宗《じょうじつしゅう》・法相宗《ほっそうしゅう》・倶舎宗《くしゃしゅう》・華厳宗《けごんしゅう》・律宗《りっしゅう》）**といいます。ただ、宗派といっても学派のようなもので、複数の宗派を掛け持ちする僧もいました。

今のような宗派が登場するのは平安初期の

宗派について

仏教の主な宗派の系譜

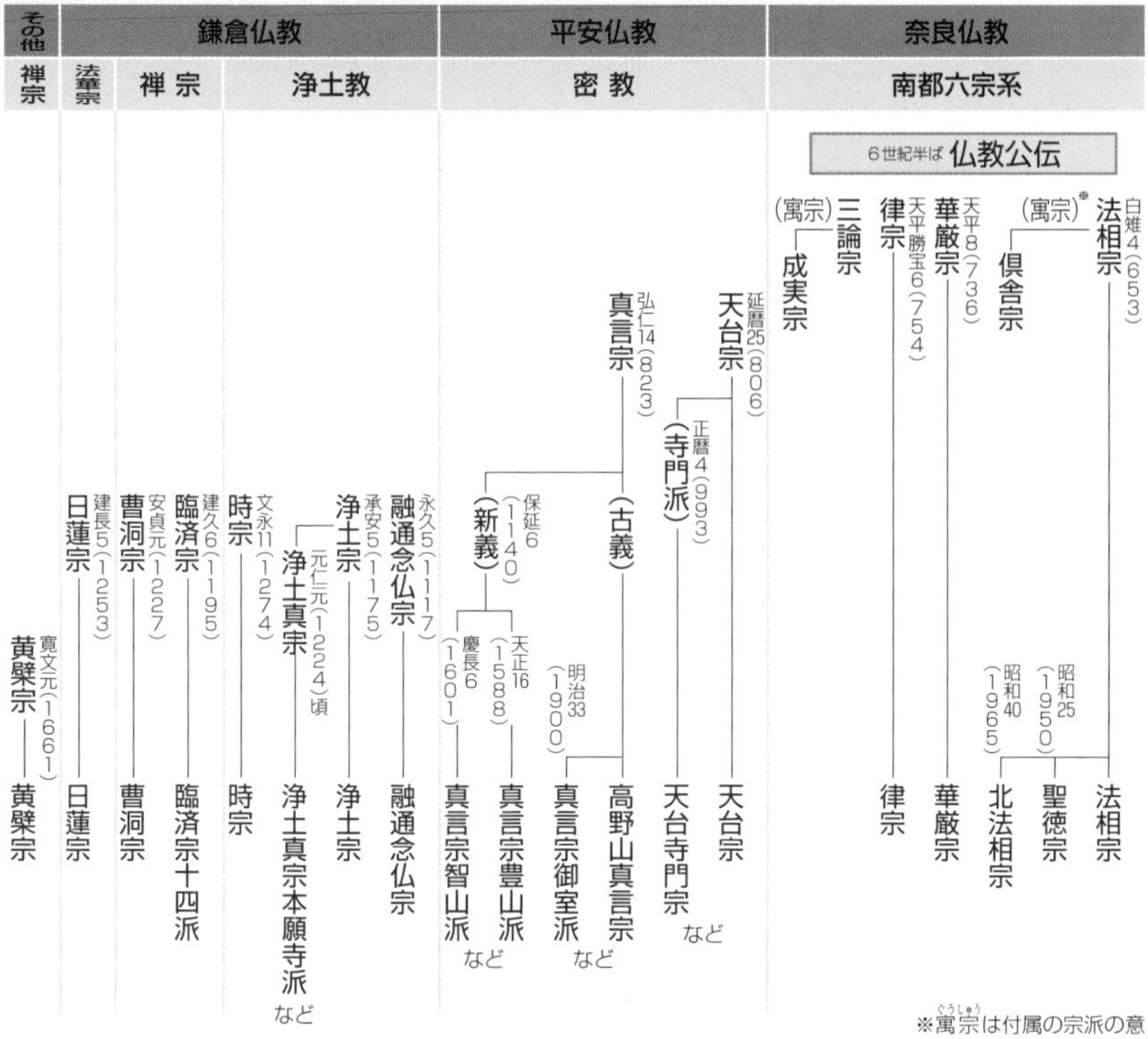

奈良仏教
南都六宗系
6世紀半ば 仏教公伝
法相宗 白雉4（653）
（寓宗）※ 倶舎宗
華厳宗 天平8（736）
律宗 天平勝宝6（754）
三論宗
（寓宗）成実宗
昭和25（1950）
昭和40（1965）
法相宗
聖徳宗
北法相宗
華厳宗
律宗
平安仏教
密教
天台宗 延暦25（806）
（寺門派）正暦4（993）
真言宗 弘仁14（823）
（古義）
（新義）保延6（1140）
明治33（1900）
天正16（1588）
慶長6（1601）
天台宗
天台寺門宗
など
高野山真言宗
真言宗御室派
など
真言宗豊山派
真言宗智山派
など
鎌倉仏教
浄土教
融通念仏宗 永久5（1117）
浄土宗 承安5（1175）
浄土真宗 元仁元（1224）頃
時宗 文永11（1274）
禅宗
臨済宗 建久6（1195）
曹洞宗 安貞元（1227）
法華宗
日蓮宗 建長5（1253）
その他
禅宗
黄檗宗 寛文元（1661）
融通念仏宗
浄土宗
浄土真宗本願寺派
など
時宗
臨済宗十四派
曹洞宗
日蓮宗
黄檗宗

※寓宗《ぐうしゅう》は付属の宗派の意

神道の流れ

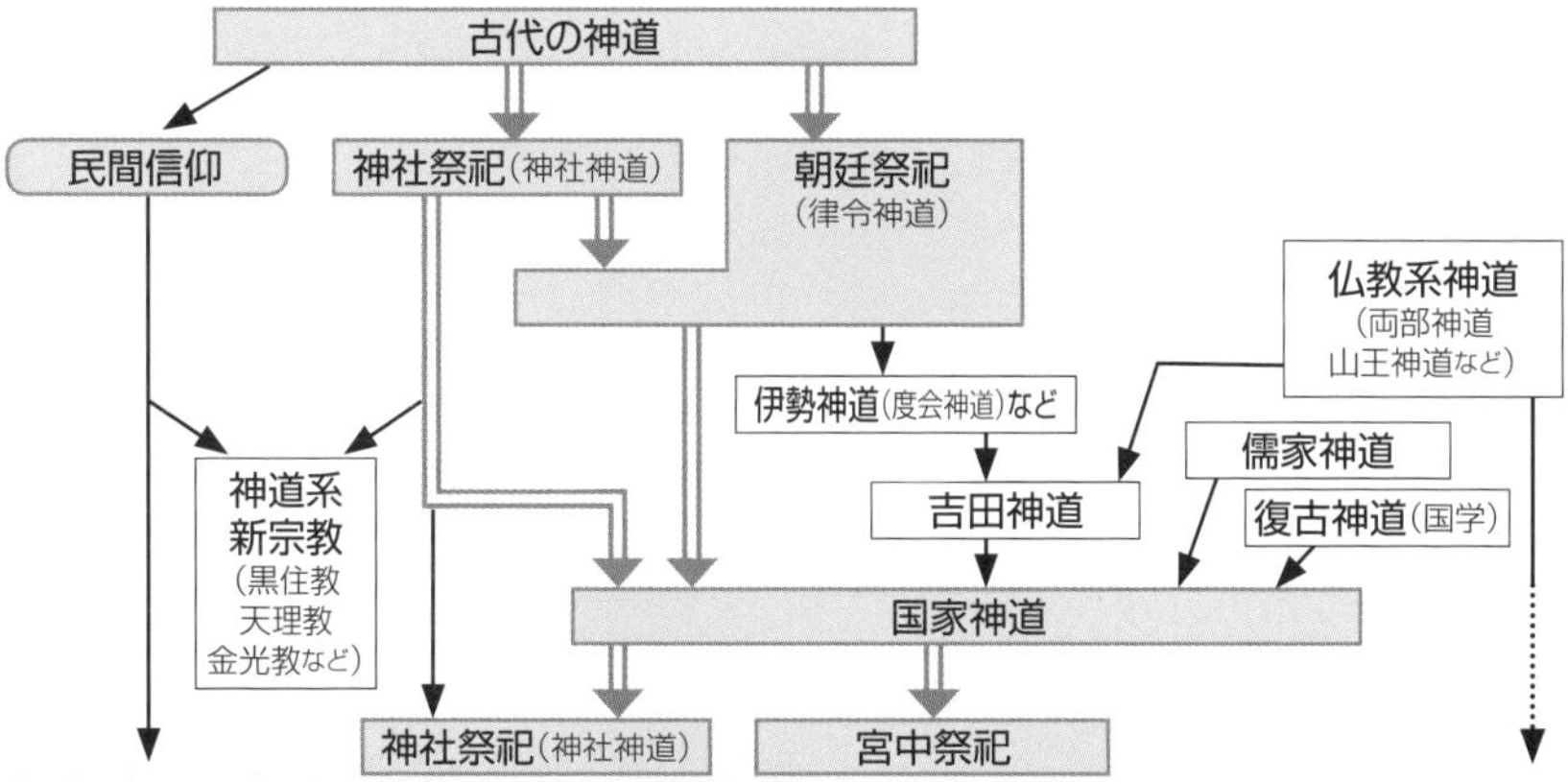

古代の神道
民間信仰
神社祭祀（神社神道）
朝廷祭祀
（律令神道）
仏教系神道
（両部神道
山王神道など）
伊勢神道（度会神道）など
吉田神道
儒家神道
復古神道（国学）
神道系
新宗教
（黒住教
天理教
金光教など）
国家神道
神社祭祀（神社神道）
宮中祭祀

ことです。**最澄**は『法華経』を根本経典とする**天台宗**を唐より伝え、さらに禅宗・律宗などの要素を加えた教理を生み出しました。最澄と同期の遣唐使船で唐に渡った**空海**は純粋な密教（53ページのコラム参照）を学び、**真言宗**を開きました。

平安末から鎌倉時代にかけては、天台宗の総本山である**延暦寺**で学んだ者たちが次々と新しい宗派を生みました。

その口火を切ったのが**法然**で、念仏による極楽往生を説いて**浄土宗**を開き、その門下から出た**親鸞**は**浄土真宗**の開祖となりました。宋で禅を学んだ**栄西**と**道元**はそれぞれ**臨済宗**・**曹洞宗**《そうとうしゅう》を開きました。また、法華信仰を受け継いだ**日蓮**は**日蓮宗**を立宗しました。

◇神社祭祀と朝廷祭祀

神道には仏教のような宗派は生まれませんでした。平安後期には仏教教理から神道を解釈する試みが起き、**両部**《りょうぶ》**神道**・**山王**《さんのう》**神道**といった流派が生まれました。これに対して神道側から神道の優位性を説く**伊勢神道**などが登場しましたが、これらは宗派というほどの勢力はありませんでした。

そもそも神道は**天皇制**と深く結びついていましたから、**ヤマト朝廷**の勢力が全国に及ぶようになると、各地の神社の祭祀も朝廷の影響下に置かれるようになりました。それゆえ宗派に分裂することはなかったのです。これを**朝廷祭祀（律令神道）**といいます。しかし、儀礼などが画一化されてしまったわけではなく、神社個々の信仰も保たれていました。

明治政府は天皇親政の国家を樹立するため神道を**国教的地位**にすえました。そして、国が神社を管理するようにしました。これを**国家神道**といいます。

第二次大戦後、国家神道は解体され、神社は**国家の管理から離れました**。いっぽう天皇が担ってきた宗教儀礼は、**宮中祭祀**として維持されることになりました。

COLUMN

密教はなにが秘密なの？

密教はインドにおける仏教の歴史の最後に登場した教義・宗派で、秘密仏教の略とされます。

なにが秘密かというと、教えが難解であるため特別な研鑽を積んだ者以外には理解できないという意味と、誤解を招く内容があるため有資格者以外には奥義を公開しないという意味があります。

このような密教が出現した背景には、インド社会の変化がありました。

５世紀以降、グプタ王朝の力が衰え、各地の都市が荒廃していったのです。仏教教団は都市に拠点をおいていましたので、都市の衰退は存亡に関わる問題でした。対照的に農村中心に信仰が広まっていたヒンドゥー教は勢力を拡大していきました。

仏教教団は農村にも信仰を広める必要性に迫られ、農民が求める現世利益を説くようになったのです。また、敵対するヒンドゥー教より強力であることもアピールしました。

そのために取り入れたのが真言《しんごん》・陀羅尼《だらに》という呪文、護摩《ごま》などの呪術的儀礼、そしてヒンドゥー教の神を打ち破る明王でした。

注意しなければいけないのは、密教の登場によって仏教が呪術的な信仰に堕落してしまったわけではないことです。

密教は呪文などの呪術的要素を、仏教本来の目的である智慧によって悟りを得るという教義と融合させたのです。この離れ業を成し遂げたところに密教の価値があるのです。

お経と祝詞《のりと》はどこが違うの？

仏の教えを口伝するお経と神と対話する祝詞

◇経は釈迦の語録

祝詞の奏上を聞かれたことがあるでしょうか。七五三や厄払いの祈禱などで拝殿に昇殿して参拝する際に、**斎主《さいしゅ》（神事を司る神職のこと）が本殿に向かって読み上げているもの**のことです。

難しそうな言葉を独特の調子で唱えますので**寺院の読経**を連想された方も少なくないと思います。たしかに**信仰対象に向かって行なう唱えごと**だという点では共通していますが、その性質はまったく違っています。

仏教の経は**仏（釈迦）の語録**といえます。しかし、釈迦が教えを説いていた頃は、まだ経は存在していませんでした。釈迦の教えは紙に記して残すのではなく、**暗記して口伝え**されるものだったからです。そのため、教えは**覚えやすいように韻を踏んだ詩の形**になっていました。

釈迦の没後もこの方法は踏襲されたのですが、誤って伝えられることもあったので**文字にして残す**ことになりました。これが経の始まりです。

その後、仏教の発展に伴ってさまざまな経が作られていきました。それらは釈迦の没後にできたものですので厳密な意味では「語録」とはいえませんが、釈迦の教えの真意を追究する中で作られたものですので、釈迦の説と

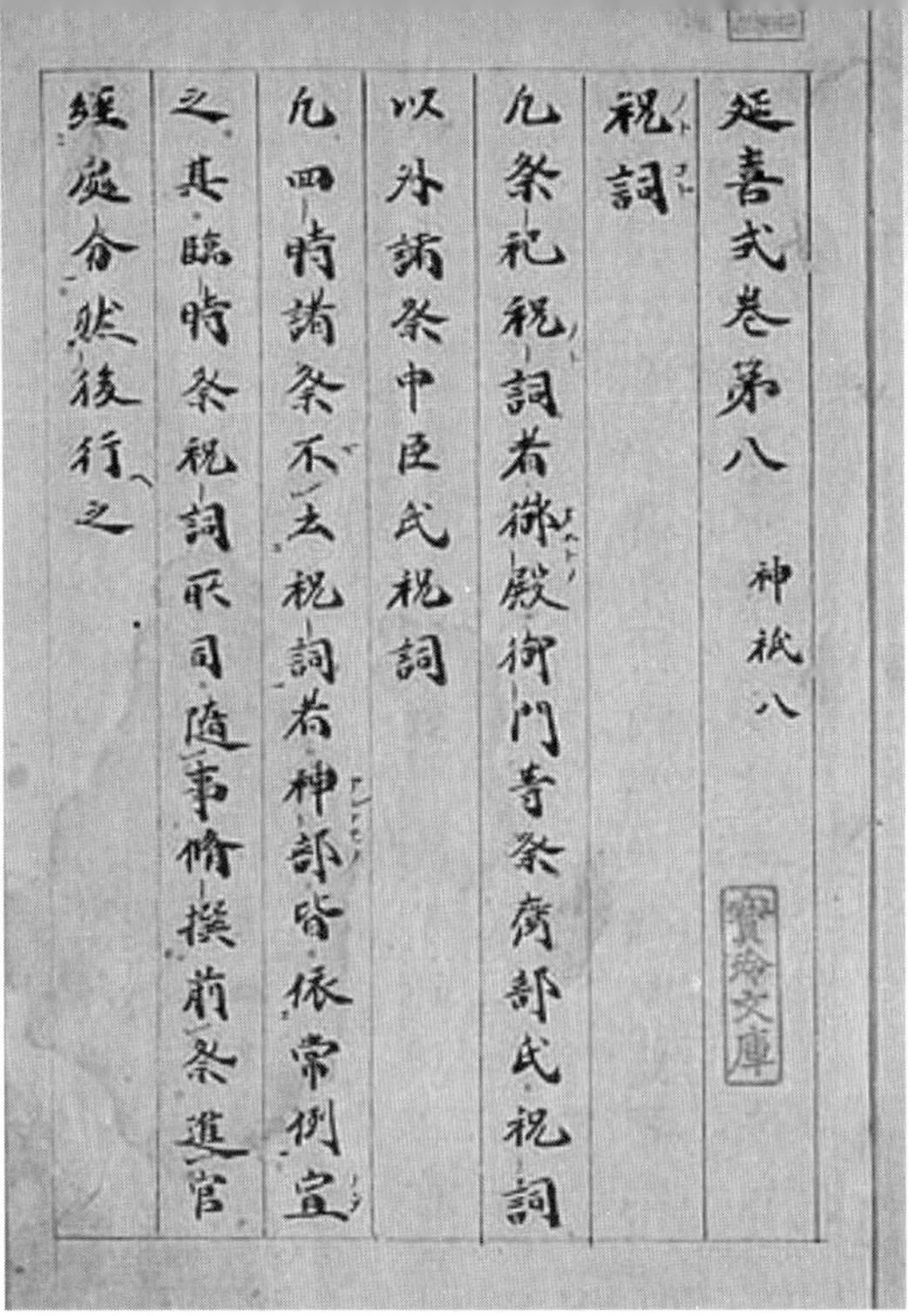
延喜式巻第八　神祇八
祝詞
凡祭祀祝詞者御殿御門等祭斎部氏祝詞
以外諸祭中臣氏祝詞
凡四時諸祭不云祝詞者神部皆依常例宣
之其臨時祭祝詞所司随事脩撰前祭進官
経處分然後行之

『延喜式《えんぎしき》 祝詞』
（國學院大學図書館蔵）
『延喜式』は延長５年（927）に成立した法律の施行細則。この第８巻には当時用いられていた祝詞が収録されており、祝詞の古い形式・内容を知ることができる。

して受け止められてきました。

◇祝詞は神と人の対話

これに対し祝詞（「しゅくし」と読んでしまうと意味が違ってしまうので注意してください）は、**神と人の対話**ということができます。先の七五三や祈禱の例でいえば、**参拝に訪れた者のことやその目的を神に伝え、願いをかなえてくれるようお願いをしている**のです。

祝詞は神にお願いをするものばかりではありません。現在はあまり用いられませんが、**神の言葉を人に伝えるもの**もあります。この場合は神に対して奏上するのではなく、参集者に向かって読み上げる形になります。

なお、祝詞は漢字だけで書かれますが漢文ではありません。**助詞や送り仮名も漢字で表記した日本語（宣命《せんみょう》書き）**なのです。

COLUMN

厄年《やくどし》は"役年"？

読者の中には「今年は厄年だから神社かお寺に行ってお祓いを受けなくちゃ」と思っている方がおられるのではないでしょうか。あるいは、身近にそんなことを言っている人がいることと思います。

厄年とは災難や病気に遭いやすい年齢のことで、男女で異なります。厄年の前後の年は前厄《まえやく》・後厄《あとやく》といい、厄年に準じて注意すべき年とされます。また、厄年の中でも男42歳、女33歳は大厄《たいやく》といって、とくに危険な年といいます。なお、この年齢は数え年（生まれた年を１歳とし、正月もしくは立春を迎えるごとに年を増やしていく年齢）なので注意してください。社寺によっては満年齢で受けつけているところもあるので、あらかじめ確認するとよいでしょう。

この厄年、もとは神社などで重要な役に就く「役年」だったとされます。そのためお祓いを受け、身を慎むことが求められたのです。こうした年齢は仕事や地位の重さから体調を崩しやすいこともあり、今のような厄除け信仰になったといわれます。

厄年一覧（数え年）

	前厄	本厄	後厄
【男】	24	**25**	26
【男】	41	**42**	43
【男】	60	**61**	62
【女】	18	**19**	20
【女】	32	**33**	34
【女】	36	**37**	38

※女の61歳も本厄とするなど、厄年の年齢には諸説ある。

第2部

神社とお寺

神社とお寺はどこが違うの？

神様のための神社と人間のためのお寺

◇神社は本殿、お寺は本堂

テレビの旅番組などを見ていると、まれに神社と寺院を混同していることがあり、他人事ながら「困ったな」と思ってしまいます。よくあるケースが、本殿と本堂を間違えるものです。ご存じと思いますが、**神社なら本殿、寺院なら本堂**です。

どちらも信仰対象を祀る建物だから同じではないかと思われるかもしれませんが、大違いなのです。

寺院の**本堂は参拝者が入って本尊を拝むことができます**が、神社の**本殿には入ることはできません**。中には本殿の外観すら見ることができない神社もあります。

これほど公開度が違うのは、本殿と本堂では目的がまったく異なっているからです。そもそも神社は**神を祀るための宗教施設**です。したがって、神社にある建物のほとんどは、神に奉仕するためのものといえます。中でも**本殿は神霊がおられるところ**です。その中を見るのはもちろん、外観を見ることも畏れ多いことだと思わなくてはいけません。

◇説法の場が本堂の原形

これに対し、寺院は開祖の**釈迦が説法を行なっていた僧院**が原形です。

出家者たちは僧院で共同生活を送りながら

神社は神様のため、お寺は人が修行するための場所

神社
今年も
よい酒ができた
来年も楽しみに
しとるぞ
その調子で
修行に励めば
大丈夫！
修行！
修行！
オレも悟りを
開けるかなぁ
今年も
無事に新酒が
できました
来年も
豊作であるよう
お守りください
お寺

釈迦の説法を聞き、教えに従って修行を積みました。釈迦の入滅（釈迦の死のこと）後もこのスタイルは守られていましたが、釈迦の神格化が進むと僧院内に**釈迦を祀る施設**も造られるようになりました。

日本に伝えられた寺院の形式も、この形を踏襲しています。法隆寺や薬師寺といった飛鳥・奈良時代の寺院をご覧になればわかるように、**説法が行なわれる講堂と仏を祀る仏殿（金堂）**を中心に堂塔が並んでいます（69、71ページ参照）。

実は一般的な寺院の本堂は、この**講堂と仏殿を一つにした建物**なのです。つまり、仏を祀るところであるとともに、教えが説かれるところでもあるのです。

簡単にまとめてみますと、**神社は神のための場所**、**寺院は人が修行する場所**ということになります。ただし、神仏習合の影響で互いの性質が混じり合ってきたことも事実です。

全国に神社とお寺はどれくらいあるの？

どこまで数えるか、それが問題だ

◇コンビニより多い社寺

神社や寺院はどれくらいあるのか、そんな質問をよく受けるのですが、回答を少し迷ってしまいます。なぜかというと、社寺、とくに神社は、いくつと数えるのが難しいからです。どこから神社とするのか、その線引きが問題となるのです。

道端の**お稲荷さんなどの祠**《ほこら》は神社の数に入れないでいいでしょう。でも、家が一軒くらい建ちそうな敷地（境内）があって、入口に鳥居も立っていたらどうでしょうか。峻険な山の上や無人島の社は数に入れるべきでしょうか。

神社の境内には**摂社**《せっしゃ》・**末社**《まっしゃ》という小さな神社（祠）が鎮座していますが、境内の外にも摂社や末社をもっている神社もあります。それが祠程度の小さなものなら問題はありませんが、中には松尾大社（京都市）の摂社の**月読神社**《つきよみ》のように町中のちょっとした神社ほどの規模をもつものもあります。これは神社の数にカウントすべきでしょうか。

神社や寺院の数として一般に使われているのは**宗教法人として登録されている社寺の数**で、これは文化庁が編纂・発表している『宗教年鑑』でわかります。

それによると、全国の神社の数は**80826社**、寺院は**75581ヵ寺**です。全国のコ

全国の神社とお寺の数（宗教法人の数）

全国の神社 80,826社		
◉県別ベスト3		
1位	新潟県	4,687社
2位	兵庫県	3,855社
3位	福岡県	3,408社
★祭神別ベスト3		
1位	八幡神	7,817
2位	伊勢（天照大御神・豊受大神）	4,425
3位	天神（菅原道真）	3,953

※岡田荘司先生のグループの研究による

全国の寺院 75,581ヵ寺		
◉県別ベスト3		
1位	愛知県	4,537ヵ寺
2位	大阪府	3,296ヵ寺
3位	兵庫県	3,209ヵ寺
★宗派別ベスト3		
1位	曹洞宗	14,511ヵ寺
2位	浄土真宗本願寺派	10,142ヵ寺
3位	真宗大谷派	8,469ヵ寺

※「祭神別ベスト3」を除き、文化庁『宗教年鑑 令和元年版』による

ンビニは58000店ほどですから、神社も寺院もコンビニより多いことになります。

◇奈良県・京都府はベスト3に入らず

もう少し社寺の数をくわしくみてみましょう。県別でいいますと、神社は**新潟県**、寺院は**愛知県**が一番になっています。2位以降は上の表をご覧いただきたいのですが、興味深いのは神社も寺院もベスト3に奈良県・京都府が入っていないことです。有名な社寺がたくさんあるので総数も多く思えてしまいますが、実際は印象ほどではないのです。新潟県に神社が多いのは、明治政府が行なった神社統合の影響が少なく、村落の神社がよく残っていることによるといわれています。

寺院の宗派別では2位・3位が浄土真宗の宗派です。この2宗派は17世紀初めまで一つの宗派でした。

神社とお寺の造られ方

場所が重要な神社とどこでもOKなお寺

◇土地との結びつきが強い神社

先に神社は神のための場所、寺院は人間のための場所と述べましたが、そのように性格が異なれば、当然、建てられる場所も異なってきます。

制約が多いのは神社です。**日本の神はケガレを嫌う**ので、不浄な地には建てられないからです。

神社の始まりは、大きく分けて二つあります。一つは、もともと神がおられると信じられた**聖地の上、もしくは聖地を望む場所**に建てられるものです。もう一つは、有名な神社などの**祭神の分霊を迎えて（これを勧請《かんじょう》といいます）創建する**ものです。

前者の神がおられる聖地に建てる形が本来的なもので、それゆえに**神社は土地と強い結びつき**があります。たとえば、熊野那智大社（和歌山県）の別宮《べつぐう》である飛瀧《ひろう》神社は**那智の滝**を神体としていますので、別の場所に移るということはありえません。

このため、貴族たちは遷都などで移住しなければならなくなった時、祖先神の祭祀を続けるために移住先に氏神神社の分社を勧請しました。氏神神社の移転は難しいからです。

◇場所を選ばない寺院

これに対して寺院は建てる場所を選びませ

分霊を迎えて（勧請）神社を建てる方法もある

その泉の畔なら清浄じゃ
社を建ててくれれば
水が涸れぬよう守ってやるぞ
新しく開拓したこの村にも
見守ってくれる神様の社がほしいなぁ
地元の村の神様に
来ていただこうかなぁ

ん。

たしかに、どうせ建てるのなら景色がいいところとか、清浄な場所といったことはあるでしょうが、けがれているから建てられないということはありません。土地がけがれているのであれば、**仏法の力で清めればいい**のですから。

たとえば、鎌倉の建長寺は罪人が処刑・埋葬された**刑場跡**（かつては地獄谷《じごくだに》と呼ばれていたそうです）に創建されました。建長寺の本尊が地蔵菩薩であるのは、刑場に地蔵堂があったことに由来するそうです。

また、京都の南禅寺は**亀山法皇の離宮**を寺院に改めたのが始まりですが、そのきっかけは禅僧の無関普門《むかんふもん》が離宮に住み着いた**妖怪を追い払った**ことにあるとされます。

一方、比叡山や高野山、吉野山など、神が住まう**霊山**にも寺院は建てられていますが、これは神道の影響だと思われます。

初穂《はつほ》と布施《ふせ》

初物の稲穂と自分のものを分かち与える修行

◇初物で力を得る神様

神社や寺院に金銭を奉納する時、包みの表にはどう書くのがよいでしょうか。いろいろな書き方があるのですが、神社の場合は**「初《はつ》穂料《ほりょう》」**、寺院の場合は**「御布施《おふせ》」**と書くのが一般的です。

こう書くと、初穂と布施は同じような意味なのだろうと思われるかもしれませんが、まったく違った意味です。どちらも**教義と結びついた言葉**なのです。

初穂は**「今年最初に収穫された稲穂」**という意味です。かつては最初に収穫（収獲）されたものは、**地域の守り神（鎮守《ちんじゅ》・産土神《うぶすながみ》・氏神神社などといいます）に捧げるもの**でした。無事に収穫できたことを感謝する意味もありましたが、初物を**神様に食べていただく**ということが重要な意味をもっていました。

初物は75日寿命を延ばすといわれるように、以後の収穫物より**大きな霊力が宿っている**と考えられていました。これを食べていただくことで神の力も高まると信じられていたのです。つまり、より強固に地域を守ってくれるということです。

また、供えられた**供物《くもつ》には高まった神の霊力が宿る**ので、人間もこれを食することで**健康や幸運をいただける**といわれます。

供えられる初物は地域によりさまざまです

初穂とお布施

初穂
初物は力がつくからのう お前たちもお下がりを食べて霊力を受けるがいいぞ
海と山と田の初物です どうぞお食べください
ありがとうございます！ では、お礼にお釈迦様のお言葉をお教えしましょう
村でとれた穀物です 修行生活にお使いください
ギブ&テイク
布施
法施
財施

が、**稲穂は神道でもっとも重視する作物**ですので、初穂という言葉で**金銭も含めたお供え**を表わしているのです。

◇布施はギブ・アンド・テイク

布施を僧侶に支払う法事などの対価と思われている方が多いようですが、間違いです。布施は仏教の**修行**の一つで、**自分がもっているものを分かち与える**ことをいいます。たとえば、飢えに苦しむ人に食べ物を分けること、重い荷物を代わって持つことなどです。

かつては僧侶は収益を得る労働をすることが戒律で禁じられていましたので、**在家信者は食料や財を寄進してその生活を支えました。**これを**財施《ざいせ》**といいます。このお礼として僧は**在家信者に仏教の教えを説きました。**これを**法施《ほうせ》**といいます。つまり、寺院への布施は**ギブ・アンド・テイク**なのです。

建築その❶

神社・お寺の境内にはなにがあるの？

神様のための本殿、仏様のための金堂を用意

◇神社の境内は地形しだい

神社でもっとも大事な建物は、御祭神の神霊が奉安されている**本殿**（神社によっては**正殿**《しょうでん》などとも呼ばれる）です。ただし、神霊が宿る**神体**《しんたい》が**山や滝**などの場合、それらを本殿に入れるわけにいかないので本殿がないこともあります。

本殿は一般的な日本建築と同じく**南向き**に建てられることが多いのですが、地形によってはほかの向きになることもあります（たとえば信仰の対象になっている山などに向かって拝めるようになっているなど）。

本殿の前には礼拝のための建物である**拝殿**《はいでん》が建てられるのが一般的です。本殿と拝殿が一体化していることもあります。

本殿の周辺や参道の周りには**摂社**《せっしゃ》・**末社**《まっしゃ》という小さな神社（祠）があります。祭神に関係の深い神や土地の神、信者の多い神などが祀られています。

境内の入口や参道には**鳥居**が建てられます。実は鳥居だけの神社もあります。鳥居があることによって、その内が**聖地**であり、神がおられる場所だと示しているのです。

狛犬《こまいぬ》は境内を守る霊獣、**手水舎**《てみずや》は手と口を清めるところです。

◇寺院の伽藍《がらん》は左右対称が基本

神社の境内にあるもの

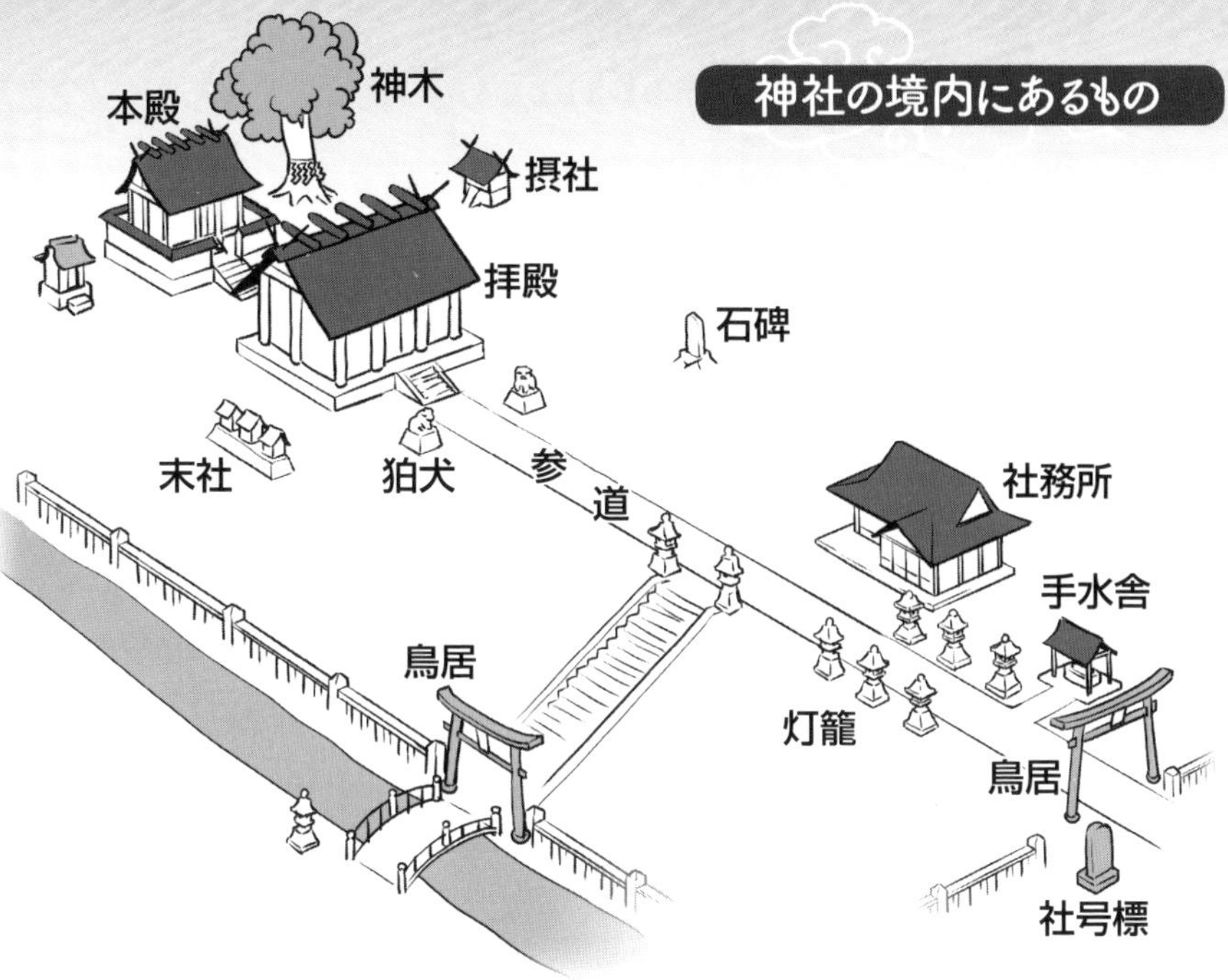
本殿
神木
摂社
拝殿
石碑
末社
狛犬
参道
社務所
手水舎
鳥居
灯籠
鳥居
社号標

飛鳥・奈良時代の寺院の建物の配置（**伽藍配置**といいます）をみると、**左右対称**が基本となっていることがわかります（69、71ページ参照）。これは中国の宮殿建築の様式を取り入れているためです。

寺院の中心になっているのは、本尊を安置する**金堂**《こんどう》（**仏殿**）と**塔**です。塔はもともと**釈迦の遺骨**（**仏舎利**《ぶっしゃり》）を納めるための建物でしたが、のちには寺院のシンボルとなりました。

金堂や塔の背後（北側）には、教義の講義などが行なわれる**講堂**が建てられます。そして、金堂・塔を中心とした一画は**回廊**で囲まれます。回廊は屋根つきの廊下のことですが、大きな行事の際には観客席としても用いられました。

中心区画の南側には門が建てられます。金堂に近いほうから**中門**《ちゅうもん》、**南大門**《なんだいもん》と呼びます。禅宗など中世以降の寺院では中門を**山門**《さんもん》（三門）、南大門を**総門**《そうもん》（**惣門**）と呼びます。

建築その❷

社殿・仏殿の起源とは？

明確でない社殿と豪華な宮殿に由来する仏殿

◇社殿の起源は倉？

社殿がいつ、どのように成立したのか、よくわかっていません。縄文・弥生時代の遺跡からは祭祀に用いたと思われる建物跡が見つかっているのですが、それらと神社の関係についてはまだ明確になっていません。

現在見るような神社の形式が成立したのは、天武天皇の頃（7世紀半ば）と考えられています。その頃の社殿は、**伊勢神宮の正殿**《しょうでん》や**出雲大社の本殿**のような形式であったと思われます。これらの建築は**弥生時代の倉**などにそっくりです。

7世紀半ばといえば、仏教が伝来して100年ほどになります。飛鳥寺・法隆寺も建てられています。そうした時代に、なぜ弥生時代の建物がリバイバルしたのでしょうか。

おそらくそれは**寺院との差別化**のためだったと思われます。あえて古めかしい伝統建築を用いることで、外来の信仰である仏教との違いを強調したのでしょう。

法隆寺の堂塔が1300年の風雪に耐えたことからもわかるように、寺院建築は耐久性にすぐれています。それに対し社殿建築は**掘立柱や植物性の屋根葺き材**など老朽化の早い建て方をしており、数十年ごとに建て替える必要があります。

こうした特徴は一見欠点のように思えます

お寺の伽藍配置の例

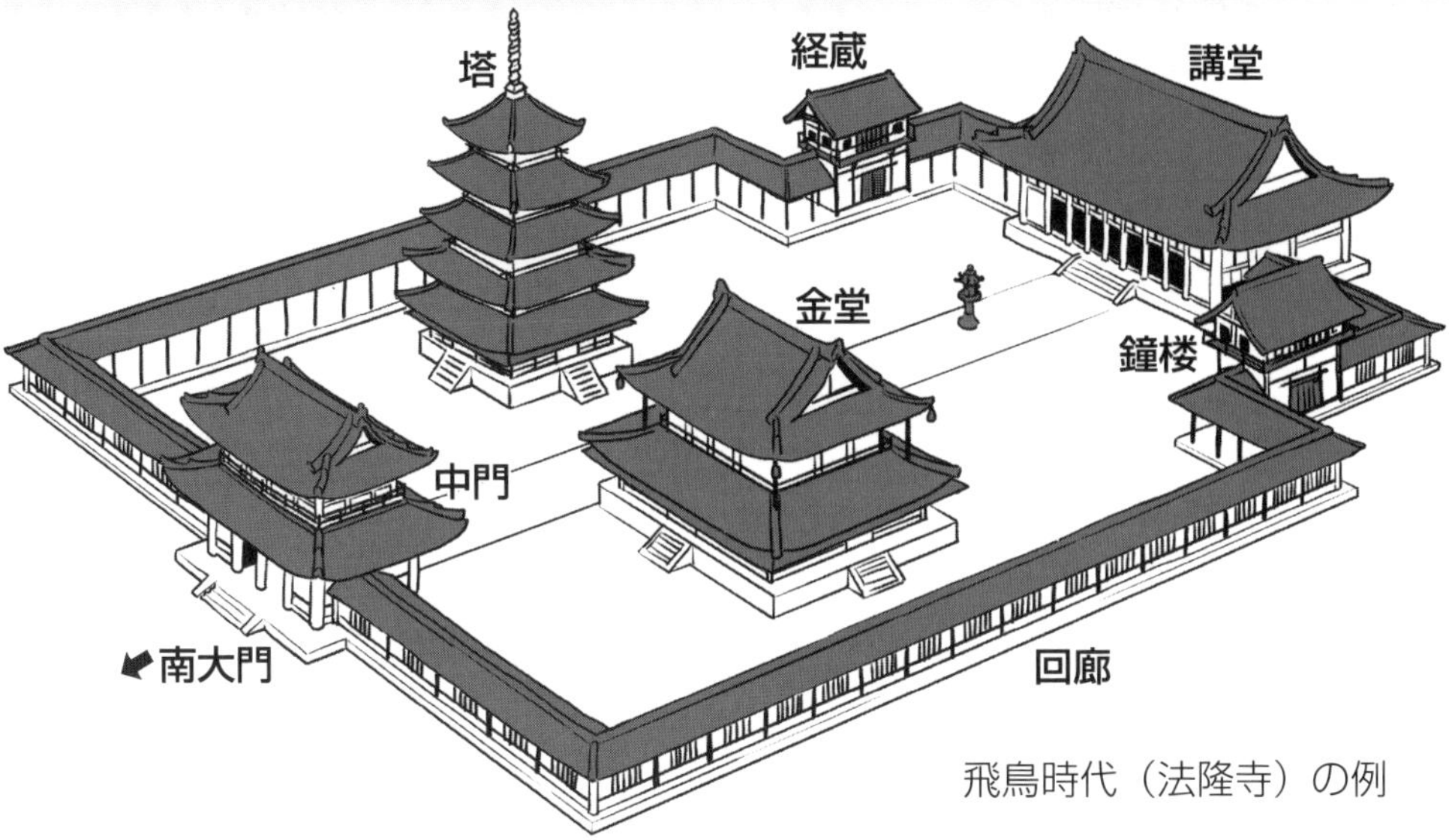

飛鳥時代（法隆寺）の例

が、**新しいものを好む**日本の神の特質に合致することです。20年に一度社殿などを造り替える伊勢神宮の**式年遷宮**《しきねんせんぐう》も、こうしたことから制度化されたのではないかと思います。

◇仏殿（金堂）の起源はインドと中国の宮殿

寺院の起源が出家者の修行場であることは先に述べました。初期の仏教教団の施設は出家者が起居する**僧房（僧坊）**を中心とした**質素**なものでした。やがて釈迦を礼拝するための施設も造られるようになりました。

大乗仏教が広まると、**阿弥陀**《あみだ》**如来**や**薬師**《やくし》**如来**といった仏は、それぞれ自分の浄土（清浄な国土）をもち、**豪華な宮殿**に住んでいると説かれるようになりました。そして、仏殿（金堂）は**浄土を再現する**ものとなりました。その好例が京都の**平等院鳳凰堂**です。鳳凰が羽を広げたようなその姿は、極楽浄土図に描かれた阿弥陀如来の宮殿とそっくりです。

建築その③
神社・お寺の建築の決まり
仏様は南を向くが、神様はいろいろ

◇主要な建物が南北に並ぶ寺院

建築の決まりについては、寺院のほうから説明したいと思います。

先に寺院の建物の配置は**左右対称**が基本と書きましたが、これと並んで寺院建築の決まりとなっているのが、主要な建物は**南向きに建てる**ということがあります。これらはいずれも中国の宮殿建築に由来しています。

とくに南面して建てることは、**「天子《てんし》は南面する」**という考え方に基づいています。世を治める立場の者（皇帝）は南を向いて玉座に座るという意味です。日本でも大内裏《だいだいり》は都の北に造られ、**天皇は南を向いて座す**ようになっていました。

仏は皇帝ではありませんが、仏教徒にとってはもっとも尊い存在ですので、仏像を皇帝のように南面して安置するのです。

南面するのは本尊が安置される金堂（仏殿）だけではありません。その前の門も当然南向きになりますし、金堂の北に建てられる講堂も南向きとなります。すなわち、主要な建物が**南北に並ぶ形**になるわけです。

ちなみに、寺院の主要な建物のことを**七堂《しちどう》伽藍《がらん》**といいます。七堂の内容は宗派や時代によって異なるのですが、奈良時代の寺院では**塔・金堂・講堂・僧房・経蔵**（仏典を収める書庫）・**鐘楼・食堂《じきどう》**をいいました。

南北に並ぶのが基本のお寺の伽藍配置

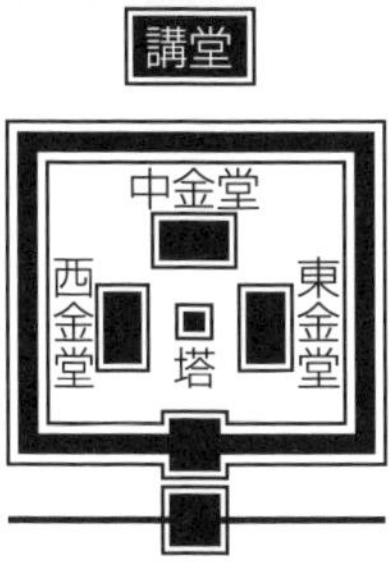

飛鳥寺式（飛鳥時代）

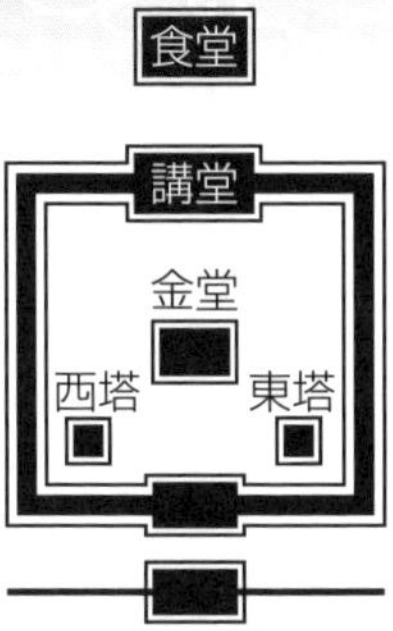

薬師寺式（奈良時代）

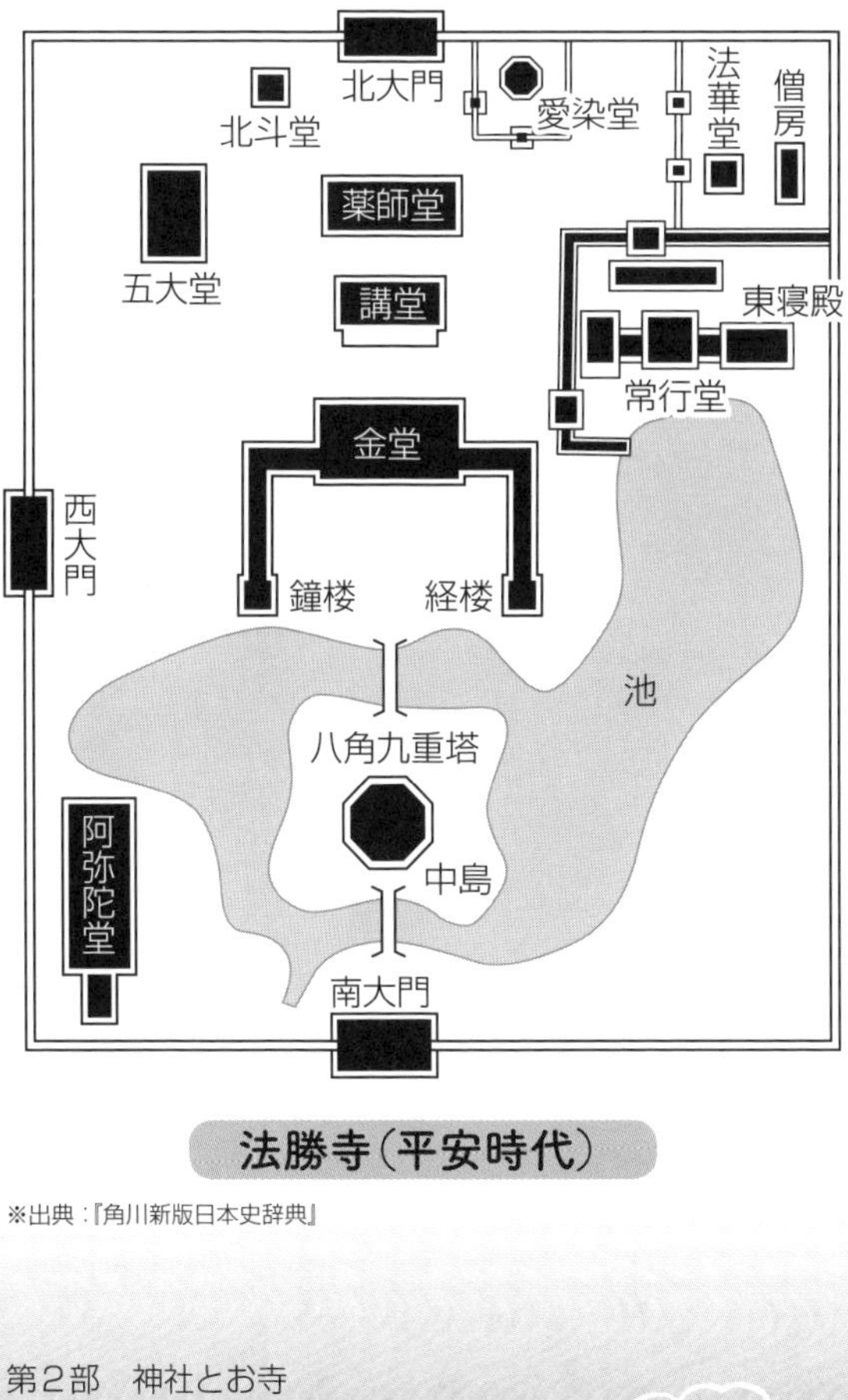

法勝寺（平安時代）

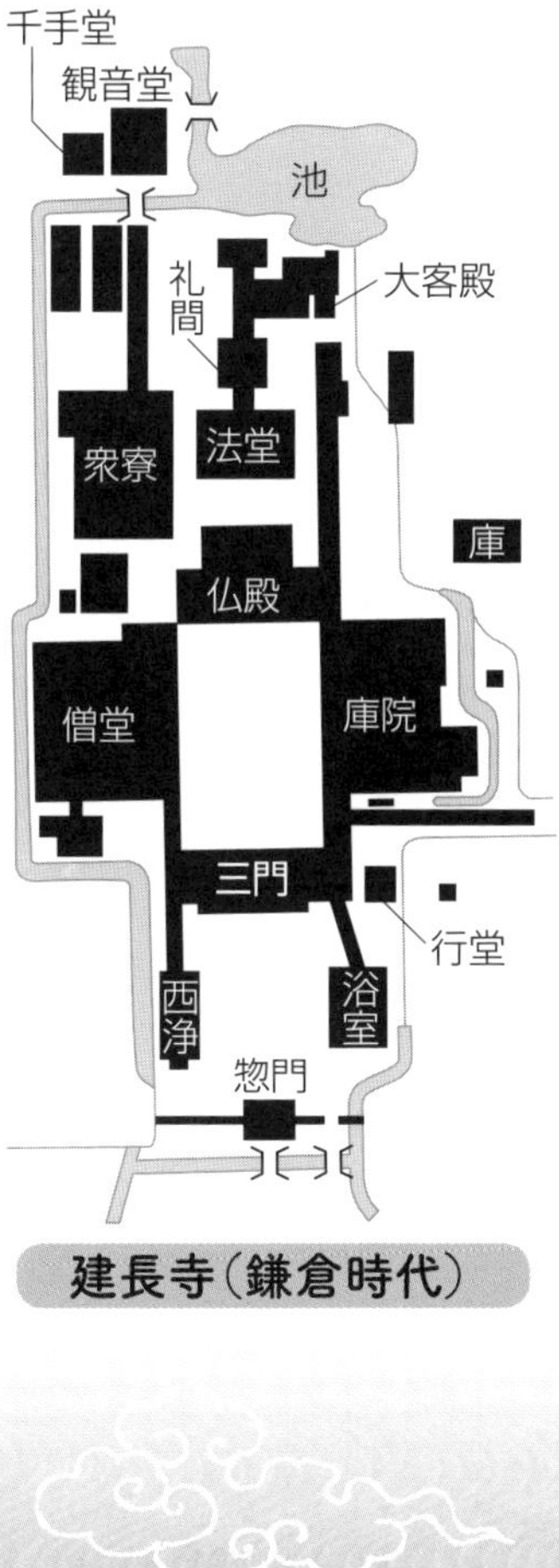

建長寺（鎌倉時代）

※出典：『角川新版日本史辞典』

◇南面しない堂もある理由

こうした建て方は都などの都市部に建てられる大規模な寺院での話です。**平安時代**になると神道の影響などもあって**山岳地**にも寺院が建てられるようになりました。こうした場所では左右対称に伽藍を建てるわけにはいきませんので、配置も向きもばらばらです。

また、安置する仏像によって違う向きに建てることもありました。たとえば、阿弥陀如来は**西方にある極楽浄土**におられると説かれていますので、極楽浄土のほうを向いて礼拝ができるよう**阿弥陀堂は東向き**にされました。

このように平安時代にはさまざまな伽藍配置の寺院が登場することになったのですが、**鎌倉時代**に**禅宗**が広まると、再び主要な伽藍が南北に並ぶ寺院が登場しました。ただし、禅宗では仏殿よりも住職が教えを説く法堂《はっとう》（講堂）が重視されました。

なお、禅宗では**三門（山門）・仏殿・法堂《はっとう》・僧堂**（僧が坐禅や寝食をするところ）・**庫院《くいん》**（台所）・**浴室・東司《とうす》**（西浄、便所のこと）を七堂伽藍としています。

◇神社の境内は神様次第

神社の本殿も**南面している**ことが一般的ですが、ほかの方角を向いた本殿も少なくありません。**神が降臨した山**などに向かって拝する形になっていることもあれば、**朝日が昇る東向き**のこともあります。また、多くはありませんが北向きの社殿もあります。

本殿の建築で興味深いのは、さまざまな形式があることです。たとえば伊勢神宮は**神明《しんめい》造《づくり》**、出雲大社は**大社造**、春日大社は**春日造**、宇佐神宮は**八幡造**と呼ばれる形式です。このようにたくさん形式があること、また社殿の向きが一様ではないことは、祀られる神と関係があるのではないかともいわれています。

COLUMN

秘仏は神道の影響で誕生した？

秘仏とは厨子《ずし》などの中に納められていて拝観を許さない仏像のことをいいます。

仏像は本来、仏の慈悲の深さや利益の大きさを讃えるためのものですので､参拝者からよく見える場所に安置されるべきものです｡これをあえて見えないように安置するのは、高貴なものを直接見るのは畏れ多いことと考える神道の影響でしょう。

この秘仏には定期的に公開（開帳《かいちょう》といいます）されるものと、けっして人目にはさらされない絶対秘仏の２種類があります。多くの秘仏は前者ですが、長野の善光寺や東京の浅草寺の本尊などは絶対秘仏となっています。

開帳の頻度はお寺（像）によっていろいろで、１年に１度、33年ごと（これは33種の姿に化身して人々を救うという観音の像のことが多い)、50年ごとといったものがあるかと思うと、毎月の縁日ごとに開帳されるものもあります。

見られないとなると余計に見たくなるせいか、秘仏の厨子の前には秘仏そっくりに造った前立ち像が安置されることが多くあります。実は善光寺では前立ち像（善光寺では前立本尊という）も秘仏で、７年ごとに開帳されます。

開帳された仏像の腕に「善の綱」と呼ばれる五色の綱（紐）が結ばれ、本堂前に垂らされることがあります。この綱を握ると仏の手を握ったのと同じことになり、特別の功徳が得られるといわれます。

建築 その④

神社・お寺の見所

社寺建築はここを見る！

◇まずは屋根の形を見よう

「建築のことは難しい」と思われるかもしれません。たしかに建築は専門用語も多く図面も繁雑なので、学ぶのは容易なことではありません。

ただ、社寺建築の特徴的な点をいくつか知っておくと、社殿や堂塔を見る目が変わり、社寺をめぐる楽しみがぐっと増えます。ここでは最低限知っておいていただきたいことを述べることにします。

社寺建築の前に立ったら、まず屋根の形を見てください。本を開いて載せたような形は**切妻**《きりづま》といいます。社殿に多い屋根の形で、**伊勢神宮正殿**も**出雲大社本殿**もこの形です。

切妻の四方に**庇**《ひさし》をつけると**入母屋**《いりもや》という形式になります。寺院に多い屋根です。

屋根の上に載っているものにも注目してください。社殿の場合、**千木**《ちぎ》や**鰹木**《かつおぎ》が載っていることがあります。もとは建築上必要な部材でしたが、社殿らしさを演出する装飾になったものです。寺院建築では使いません。

寺院建築の場合、**鬼瓦**や**鴟尾**《しび》（棟の左右に置かれる鯱《しゃちほこ》風の飾り）が鑑賞ポイントです。

また、屋根が三角形に合わさっているところ（妻）に下げられる**懸魚**《げぎょ》という妻飾《つまかざ》りも、いろいろな形があって面白いです。

屋根の角度や反《そ》り具合にも注意して見てく

社殿建築と寺院建築の屋根の違い

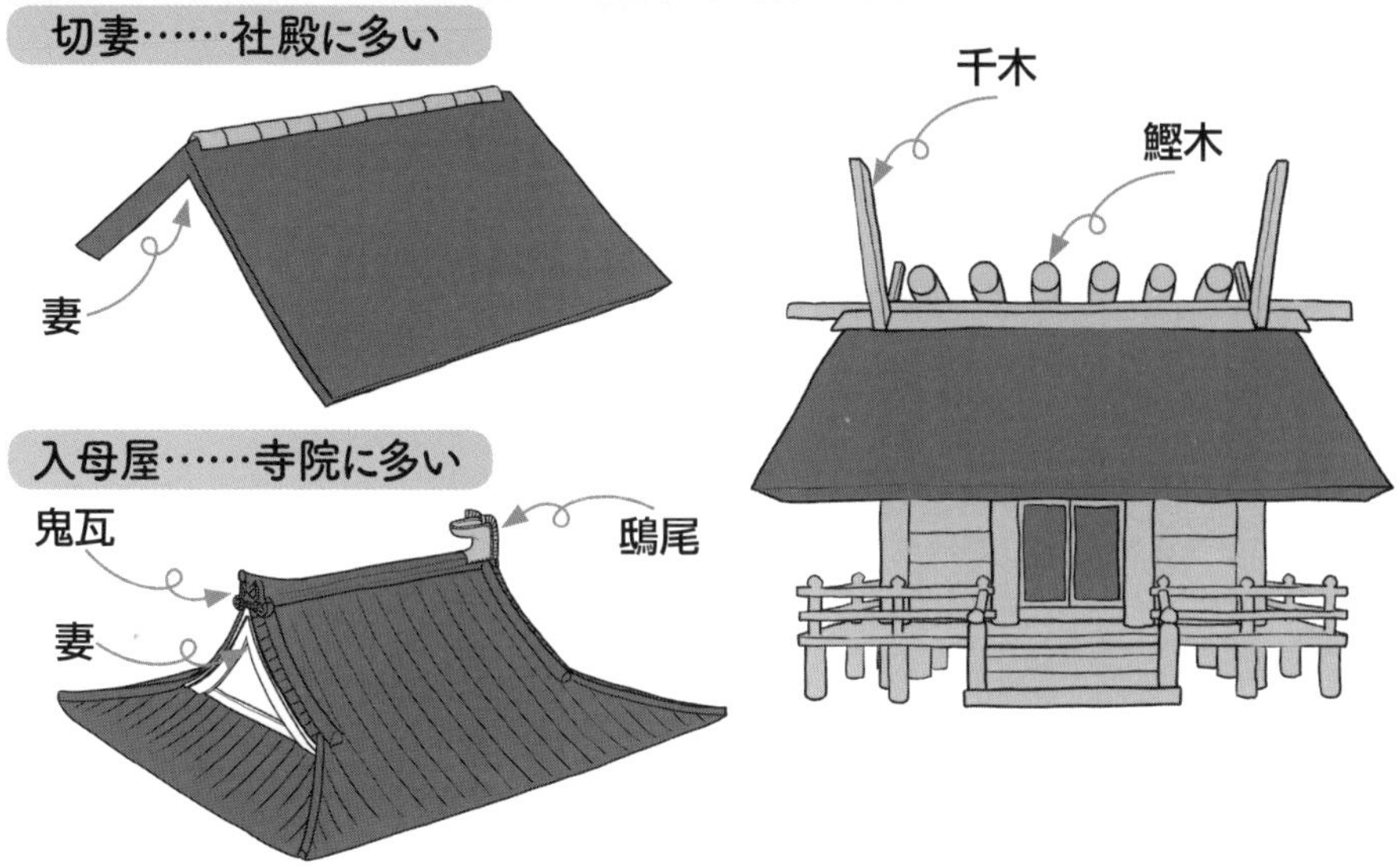
切妻……社殿に多い
妻
入母屋……寺院に多い
鬼瓦
妻
鴟尾
千木
鰹木

ださい。大工の技術や美意識がよく表われるところだからです。

◇屋根の下の鑑賞ポイント

屋根の鑑賞ができたら、次は軒下部分に注目しましょう。

社寺建築、とくに寺院建築は軒を大きく張り出すのが特徴です。これを支えるために使われるのが**組物**《くみもの》（**斗拱**《ときょう》）と呼ばれる木組みです。組物は**斗**《ます》というキューブ状の部材と、これを支える**腕**からなり、3段に前にせり出した**三手先**《みてさき》がもっとも格が高いとされます。

しかし、社殿建築では組物を使わないのが一般的で、使う場合も簡素な形式とされます。ここにも寺院建築との差別化がみられます。

木鼻《きばな》はもっともわかりやすく、楽しい鑑賞ポイントです。木鼻の「鼻」は端の意味で、柱から突き出した横材（梁《はり》など）の先端部分をいいます。古い時代はこの部分を丸め、模様を入れるだけだったのですが、次第に彫刻が

寺院建築の軒下の鑑賞ポイント

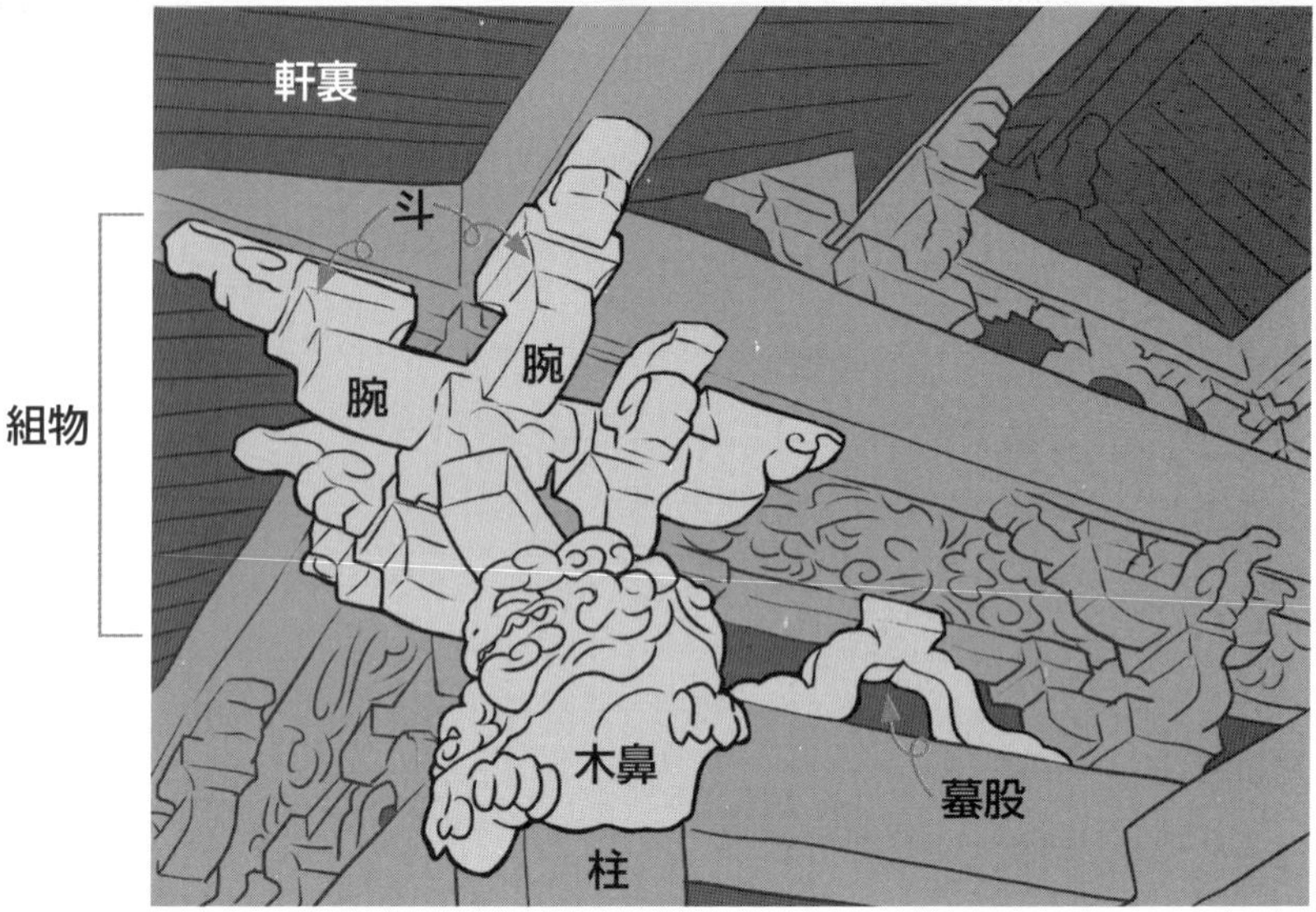

細かくなり、獅子や象などが表わされるようになりました。凝ったところでは透かし彫りになっているところもあります。

こうした彫刻は仏像を造る仏師ではなく、大工もしくは建築専門の彫刻家が彫りましたので、仏像とはまたひと味違った魅力があります。

横木と横木の間を支える**蟇股**《かえるまた》も、一見地味ですが魅力あるパーツです。蟇股というユニークな名前はカエルの後ろ足に似ていることに由来しますが、鎌倉時代など古い時代のものほど優美な形をしています。近世になると股の間に花や動物などを表現するようになります。中国の故事を表わしたものや、十二支を一体ずつ彫ったものもあります。彫刻のテーマを推理してみるのも楽しいものです。

もちろん、室内にも天井の形式（**格天井**《ごうてんじょう》など）やさまざまな装飾など、見所はたくさんあります。

伏見稲荷大社（京都市）の
神使の狐（写真提供：著者）

COLUMN

狛犬《こまいぬ》とは役割の違う神使《しんし》とは？

神社の境内にある動物の像といえば狛犬が思い浮かびますが、この像は正確には獅子《しし》狛犬《こまいぬ》といいます。口を開けているほう（阿形《あぎょう》といいます）が獅子で、口を閉じ（吽形《うんぎょう》といいます）頭に角があるのが狛犬です。その起源ははっきりわかっていませんが、古代オリエントで聖域を守っていた獅子像が仏教とともに日本に伝えられたと考えられています。

いっぽう稲荷神社の境内では狛犬ではなく、狐の像が置かれています。狐が狛犬の代行をしているようにも見えますが、狛犬と稲荷神社の狐では役割が違うのです。狛犬は境内を警備しているのに対し、狐は神のお使いの役割を果たしているのです。ここから神使と呼ばれています。

神使は祭神によって異なり、次のものが有名です。

菅原道真（天神）…………牛
春日大社・鹿島神宮………鹿
日吉大社・日枝神社………猿
八幡宮・八幡神社…………鳩
熊野三山・羽黒神社………烏（八咫烏《やたがらす》）
大国主命……………………鼠
日本武尊《やまとたけるのみこと》……………………オオカミ（大口真神《おおぐちまがみ》・御犬さま）

狛犬とまぎらわしいのがオオカミです。オオカミのほうが顔が細く、姿勢がいいのが特徴です。東京の多摩地域や埼玉県の秩父地方などでは、この神使のオオカミへの信仰が広まっており、そのお札は盗難除けなどの霊験があるとして珍重されています。

祭具と仏具
神様を祀るための道具と仏様が好む供物

◇祭具は3種類

神社で神を祀るために用いられる道具類を**祭具**といいます。寺院の**仏具**に対して**神具**と呼ぶこともあります（祭具という言葉は神道以外の宗教でも使われています）。神職が身につけるものも含む場合がありますが、一般的にはそれらは装束《しょうぞく》として扱い、祭具とは区別します。

祭具は大きく3種類に分けられます。社殿内を神を祀る場としてふさわしいように**飾るもの**、**祭祀**に用いられるもの、**清め**に用いられるものです。

代表的な飾りは**真榊**《まさかき》でしょう。もとは榊の木を飾りつけたものをいいましたが、現在は五色の幟《のぼり》の上に榊の枝をつけ、鏡や勾玉などをつけたものをいいます。**神鏡**《しんきょう》は神体に用いられることもありますが、拝殿に置かれているものは神の清浄さや輝かしさを象徴するものです。**御幣**《ごへい》や**大麻**《おおぬさ》は神への象徴的な捧げ物ですが、**ケガレを祓う**時にも使われます。**案**《あん》は机のことですが、細い脚を並べる（8本が一般的）特徴的な形をしています。

◇宗派によって異なる仏具

もっとも基本となる仏具は、**香炉**・**燭台**・**華瓶**《けびょう》（花瓶）からなる**三具足**《みつぐそく》です。香・灯明《とうみょう》・花が仏がもっとも喜ぶ供物だとされるからで

祭具のいろいろ

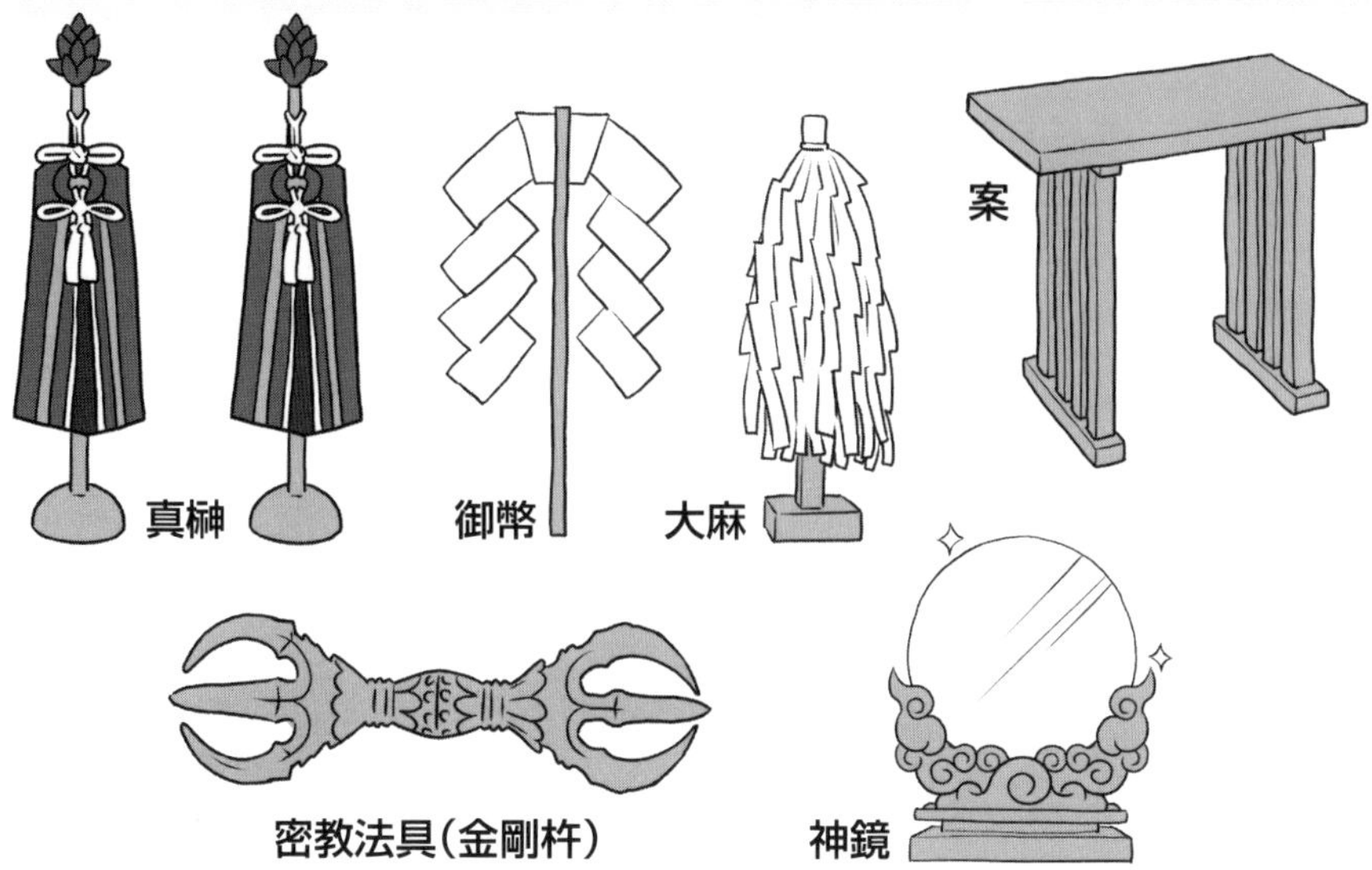

真榊
御幣
大麻
案
密教法具（金剛杵）
神鏡

す。家庭の仏壇でも三具足はそろえるべきとされます。寺院では左右対称にするため燭台と華瓶が2つずつの**五具足**を用います。

その他の仏具は宗派によって異なります。とくに真言宗などの密教を主体とした宗派では、**密教法具**という独特の仏具を用います。中でも**金剛杵**《こんごうしょ》（切っ先の数によって**独鈷杵**《とっこしょ》・**三**《さん》**鈷杵**《こしょ》などの区別がある）は古代インドの武器に起源をもつもので、煩悩を破壊するとされます。

多くの宗派で使われる**木魚**《もくぎょ》は、江戸時代に黄檗宗《おうばくしゅう》が日本に伝えたものです。目をつぶらない魚のようにたゆまず修行するという意味が込められています。

禅宗で用いる**払子**《ほっす》と**如意**《にょい》は、もとはインドで虫を払ったり背中をかくのに用いたものですが、今は説法の時などに威儀を正すために使われます。

総本山・大本山とは？
末寺が増えて格上げされた本山の中の本山

◇寺院ののれん分け

奈良・京都や鎌倉で寺院めぐりをしていると、境内の入口に**「総本山」**とか**「大本山」**と書かれた石碑が立っているのを目にすることがあります。こうした寺院は**宗派の中心的存在**になっているのですが、どうして総本山・大本山と呼ばれるのでしょうか。

宗派によって修行の方法や内容は異なりますが、教団の中心的な寺院で修行を積んで、その宗派の教えや儀礼作法などを習得するという点では共通しています。

そして、一人前になった僧は各地に赴いて教えを説き、信者を増やしていきました。ある程度教えが浸透すると、寺院を建ててその地域の信仰の拠点としました。

こうした場合、**僧が修行をした寺を本山、新しく創建された寺を末寺**《まつじ》といいます。いってみれば寺院の「のれん分け」みたいなもので、神社の総本宮・総本社と分社の関係に少し似ています。ちなみに、**本山の「山」は寺院**のことです。

教えがどんどん広まり信者が増えていくと、末寺で修行した者が寺院を建立するということも起こってきます。すると、末寺はその新しい寺に対して本山になります。これに伴ってもとの本山も格上げになり、大本山とか総本山と呼ばれるようになったのです。

主要宗派の総本山・大本山

（**総**）＝総本山、（**大**）＝大本山、（**本**）＝本山

法相宗	薬師寺（**大**）・興福寺（**大**）
北法相宗	清水寺（**大**）
聖徳宗	法隆寺（**総**）
律宗	唐招提寺（**総**）
華厳宗	東大寺（**大**）
天台宗	延暦寺（**総**）
天台寺門宗	園城寺（三井寺）（**総**）
高野山真言宗	金剛峯寺（**総**）
東寺真言宗	教王護国寺（東寺）（**総**）
真言宗醍醐派	醍醐寺（**総**）
真言宗御室派	仁和寺（**総**）
真言宗智山派	智積院（**総**）
真言宗豊山派	長谷寺（**総**）
真言律宗	西大寺（**総**）
金峯山修験本宗	金峯山寺（**総**）
浄土宗	知恩院（**総**）
浄土真宗本願寺派	本願寺（西本願寺）（**本**）
真宗大谷派	真宗本廟（東本願寺）（**本**）
時宗	清浄光寺（遊行寺）（**総**）
臨済宗妙心寺派	妙心寺（**大**）
臨済宗南禅寺派	南禅寺（**大**）
臨済宗建長寺派	建長寺（**大**）
曹洞宗	永平寺（**大**）・總持寺（**大**）
黄檗宗	萬福寺（**大**）
日蓮宗	久遠寺（**総**）

江戸幕府は寺院の創建を原則禁止にしたので、こうした布教は行なえなくなりました。その一方で幕府は全国の寺院を統制下におくために、この本山・末寺関係（**本末制度**）を利用したのです。

江戸幕府が寛文5年（1665）に布告した『諸宗寺院法度《はっと》』には**「本末の規式《きしき》は之《これ》を乱すべからず」**（本末制度の決まりを乱してはならない）と書かれています。

◇総本山か大本山かは宗派の決まりによる

数カ寺をまとめる本山があって、その本山をまとめるのが大本山。さらに宗派全体をまとめる総本山がある、というのが本末制度の模式図となりますが、すべての宗派がこのような組織になっているわけではありません。

たとえば、曹洞宗は**永平寺**と**總持寺**《そうじじ》を大本山とし、総本山をもちません。曹洞宗と同じ禅宗の臨済宗各派も、トップは大本山です。

いっぽうで天台宗などには総本山・大本山のほかに**別格本山**という格式もあります。また、浄土系（阿弥陀如来を信仰し極楽往生を願う宗派）では、浄土宗が**知恩院**を総本山としているのに対し、浄土真宗本願寺派や真宗大谷派などの浄土真宗各派は中心寺院を本山と呼びます。

奈良時代にさかのぼる奈良仏教（南都六宗）に属する法相宗と華厳宗はいずれも大本山を最高位としていますが、律宗は**唐招提寺**を総本山としています。また、京都の**清水寺**と奈良の**法隆寺**は第二次大戦後に法相宗より独立して、それぞれ北法相宗大本山、聖徳宗総本山となりました。

81ページに主要な宗派の総本山・大本山を一覧にしておきました。ただし、ここに載せたのはスペースの関係で各宗派を代表する寺院だけです。その下にある大本山や本山などは略してあります。

COLUMN

京都五山《ござん》と鎌倉五山

五山とは禅宗寺院の寺格（寺院の格式）制度の一つで、中国の南宋時代（1127 ~ 1279年）に始まるものとされます。五山に次ぐ寺格が十刹《じっさつ》（10の寺院の意味）なので、五山十刹ともいいます。

日本では鎌倉幕府が最初に取り入れ、延慶３年（1310）頃に鎌倉の浄智寺《じょうちじ》・建長寺《けんちょうじ》・円覚寺《えんがくじ》・寿福寺《じゅふくじ》を五山に認定しました。その後、京都の大徳寺《だいとくじ》、南禅寺《なんぜんじ》、建仁寺《けんにんじ》、東福寺《とうふくじ》も含まれるようになりました。

しかし、制度が広く知られるようになるのは室町時代のことで、後醍醐天皇は建武元年（1334）に南禅寺・東福寺・建仁寺・建長寺・円覚寺を五山に定めました。建長寺・円覚寺以外は京都の寺院です。

それからも五山の順位は権力者の意向によって変動を続けましたが、至徳３年（1386）に将軍足利義満は南禅寺を五山の上におくことを決め、京都五山・鎌倉五山を次のように定めました。

京都五山……… 天龍寺《てんりゅうじ》・相国寺《しょうこくじ》・建仁寺・東福寺・万寿寺《まんじゅじ》
鎌倉五山……… 建長寺・円覚寺・寿福寺・浄智寺・浄妙寺《じょうみょうじ》

いずれも臨済宗の寺院だとお気づきでしょうか。同じ禅宗でも曹洞宗や、臨済宗でも大徳寺や妙心寺《みょうしんじ》は、権力者と距離をおいたり十方住持制《じっぽうじゅうじ》（住職を公募制にすること）を受け入れなかったため、五山十刹には選ばれなかったのです。

伊勢神宮と出雲大社《いずもおおやしろ》
神道の最高神と国造りの神の特別な神社

◇全国の神社の本宗《ほんそう》

伊勢神宮は特別な神社です。その特別さはいろいろな面に表われているのですが、たとえば、その正式名称が**「神宮《じんぐう》」**だということからも知られます。なお、神宮は**内宮《ないくう》**と**外宮《げくう》**の二宮からなっていますが、これも正式には**皇大《こうたい》神宮・豊受《とようけ》大神宮**といいます。

鹿島神宮・香取神宮・宇佐神宮など神宮がつく神社は全国にありますが、本来、神宮と呼べるのは伊勢神宮だけなのです（ただ、通称の伊勢神宮のほうが広く認知されているので、本書では以後も伊勢神宮で統一します）。

伊勢神宮の特別さは、**神社本庁の憲章**にも表われています。その第二条には「神社本庁は、神宮を**本宗《ほんそう》**と仰ぎ、奉賛の誠を捧げる」としているのです。「本宗」はほかでは使われない特別な言葉なので説明が難しいのですが、「至高の存在として全国の神社が共通して仰ぐ神社」と解しておいてよいでしょう。

神社本庁は全国の神社を統括している組織です（88ページコラム「神社本庁とは？」参照）。それが「本宗として仰ぐ」とはどういうことでしょうか。

伊勢神宮がそのように特別扱いされる最大の理由は、**天照大御神《あまてらすおおみかみ》**を祀る神社だからです（本書では神名はカタカナ表記で統一していますが、この項は伊勢神宮と出雲大社につい

伊勢神宮は天照大御神を祀る皇大神宮（内宮《ないくう》）と豊受《とようけ》大御神を祀る豊受大神宮（外宮《げくう》）、それに14の別宮《べつぐう》、109の摂社・末社・所管社よりなっている。写真は内宮御正宮（写真提供：伊勢志摩観光コンベンション機構）。

ての説明ですので、神社での表記に従って天照大御神・大国主大神《おおくにぬしのおおかみ》とします）。天照大御神は天上と地上の神々を治める神で、**神道における最高神**というべき存在です。また、**天皇の先祖（祖神）**であります。

こうした天照大御神を祀る神社なので特別なのです。

◇天照大御神が選んだ鎮座地

「でも、天照大御神を祀る神社はほかにもあるじゃないか」と思われる方もおられるでしょう。しかし、それらと伊勢神宮は根本的に違うのです。伊勢神宮は**三種の神器の一つ「八咫鏡《やたのかがみ》」を御神体としている**からです。

この鏡は天照大御神自ら孫神である**瓊瓊杵《ににぎの》尊《みこと》**に「私を見るがごとくに祀れ」と託され、地上へともたらされました。その後は歴代の天皇が皇居でお祀りしていたのですが、第10代の**崇神《すじん》天皇**の御代になって皇居の外で祀ることになりました。よりふさわしい地で丁重に祀るためと考えられています（89ページコラム「三種の神器」参照）。

神鏡を託された皇女の**トヨスキイリヒメ**（豊鍬入姫命）は大和の笠縫邑《かさぬいむら》でお祀りをしましたが、大御神の安住の地とはなりませんでした。跡を継いだ垂仁《すいにん》天皇の皇女**ヤマトヒメ**（倭姫命）は、大御神の鎮座地を求めて大和から伊賀・近江・美濃とめぐっていきました。そして、伊勢に着いた時、

「この神風が吹く伊勢国は、常世（海の向こうにあるとされた理想の世界）から波が打ち寄せる国、都からは離れているが美しい国です。ここに居ようと思います」

という大御神の**託宣**《たくせん》を受けました。

このお告げに従って築かれたのが**皇大神宮**だとされます。

豊受大神宮の創建は第21代**雄略天皇**の御代と伝わります。きっかけは天皇の夢に天照大御神が現われて、こう告げたことでした。

「自ら探し求めて伊勢に鎮座したのだが、一所に留まっていると不便もある。食事の用意もままならぬので、丹波国にいる私の食事を司る神、豊受大御神《とようけのおおみかみ》を連れてきてほしい」

天皇はさっそく新たな社殿を建てて、豊受大御神を丹波より伊勢に迎えました。これが豊受大神宮の始まりとされます。

◇出雲大社は大国主大神の宮殿

出雲大社（「いずもたいしゃ」は通称で、正しくは**「いずもおおやしろ」**と読みます）の創建の由緒は、『古事記』『日本書紀』『出雲国風土記』で微妙に違っています。しかし、いずれも**大国主大神**のために建てられたということでは共通しています。

大国主大神は**「国造りの神」**と呼ばれます。『出雲国風土記』でも「天《あめ》の下所造《つく》らしし大神」と呼ばれています。しかし、日本の国土を造ったというわけではありません。国土を文字通り生み出したのは天照大御神の両親である伊弉諾尊《いざなぎのみこと》・伊弉冉尊《いざなみのみこと》です。大国主大神は

その国土を開拓し、人々に農耕や漁業、医薬のことを教えた神とされます。

また、若き日の大国主大神を迫害した**八十神**《やそがみ》という神々を倒して国造りをしたとも伝えられており、地上の神々（天照大御神など天上にいます**天つ神**《あまつかみ》に対し**国つ神**といいます）の王というべき存在です。

大国主大神は地上に降りてきた瓊瓊杵尊《ににぎのみこと》（天照大御神の孫で天皇の祖先神）に地上の統治権を譲り渡し、霊界のことを司ることになるのですが、その**報謝として建てられた**のが出雲大社だとされます。

なお、出雲大社と呼ばれるようになったのは明治4年（1871）からのことで、それ以前は**杵築大社**《きつきたいしゃ》と呼ばれていました。

◇高層建築だった出雲大社

出雲大社の大きな特徴として本殿の大きさ、とくに**高さ**があることがあげられます。本殿は拝殿のうしろに隠されるように建てられるのが一般的ですが、出雲大社の本殿は拝殿より高くそびえているのです。

しかし、伝承によればかつてはもっと高く、上古には**32丈**《じょう》（約96メートル）、中古には16丈あったといいます。ちなみに、現在の高さは**8丈**あります。

平安時代の書物にも東大寺大仏殿より大きいと記されているのですが、かつては16丈や32丈といった数字は大げさなものだろうと考えられていました。ところが、境内から**巨大な柱を3本束ねて1本の柱として用いていた跡**が発掘され、少なくとも**16丈**は事実だったのだろうと推測されるようになりました。

当時は出雲大社の近くまで海が迫っていましたので、本殿は灯台のように海上からもよく見えたのだろうと思います。

海上の交通を見守る、あるいは出雲の勢力を沖を通る船に誇示する、そんな意味があったのでしょう。大国主大神の社にふさわしい偉容といえます。

COLUMN

神社本庁とは?

突然ですが、宗教法人には２種類あることをご存じでしょうか。

宗教法人とは宗教団体に認められる法人格のことで、多くの神社・寺院がその資格を付与されています。宗教法人にならなければ宗教活動ができないわけではありませんが、税金などの優遇があるため法人格をもつ社寺が多いのです。なお、社寺にそうした優遇があるのは、宗教活動が社会に対して有益だと考えられているからです。

さて、その宗教法人の種類ですが、包括宗教法人と単位宗教法人という区別があります。たとえば、○○宗の□□寺の場合、□□寺が単位宗教法人、○○宗が包括宗教法人になります。□□寺は一個の独立した宗教法人であると共に、○○宗という宗教法人に属しているわけです。もちろん、すべての単位宗教法人が包括宗教法人に属しているわけではありません。

神社では昭和21年（1946）に設立された神社本庁が包括宗教法人となっています。仏教のように宗派ではないのは、神社の特殊な歴史に由来します。

７世紀後半から整備された律令（基本法）によって、神社は朝廷もしくは国司が管轄・奉斎するものとされました。この制度は律令制の崩壊とともに有名無実のものとなりましたが、明治政府は神道を他の宗教と区別する意味もあって復活させました。国（神祇官）や道府県が神社祭祀を司ることにしたのです。

戦後、政教分離の観点からこうした体制は解体され、代わって神社を包括する団体として神社本庁が設立されたのです。ただし、すべての神社が神社本庁に属しているわけではありません。

COLUMN

三種の神器《じんぎ》

今上《きんじょう》天皇の一連の即位儀礼の中に、剣璽等承継《けんじとうしょうけい》の儀《ぎ》というものがあったのを覚えていらっしゃる方も多いことと思います。この儀式は、皇位を象徴する宝物である三種の神器のうちの二つ、天叢雲剣《あまのむらくものつるぎ》（草薙剣《くさなぎのつるぎ》）と八尺瓊曲玉《やさかにのまがたま》、それに天皇御璽《ぎょじ》（国事行為の決済に用いられる天皇の印）・大日本国璽《こくじ》（受勲者に与えられる証書に捺される印）を新天皇が継承するものです。

なお、三種の神器の残る一つ、八咫鏡《やたのかがみ》がなぜ継承の場にないかといいますと、この神器は皇室の神社というべき宮中三殿の中心社殿、賢所《かしこどころ》の神体とされていて動かすことができないからです。

では、この三種の神器とはどのようなものなのでしょうか。

八咫鏡と八尺瓊曲玉は、アマテラスがスサノオの暴虐に腹を立てて天の岩屋に隠れてしまった時に、誘い出すための祭の供え物として神々が作ったものです。また、天叢雲剣はスサノオが八岐大蛇《やまたのおろち》を退治した時に、その尾から見つかったもので、のちにアマテラスに献上されたものです。

三種の神器はアマテラスからニニギに託されて地上にもたらされました。アマテラスはニニギに八咫鏡を私（アマテラス）だと思って祀るようにと命じたといいます。その後、三種の神器は宮中に奉安されていたのですが、神霊の霊威があまりに強いため、鏡と剣は分霊を宮中に置き、本体は外で祀ることになりました。そして、八咫鏡は伊勢神宮内宮で、草薙剣は熱田《あつた》神宮で祀られることになりました。

神社の人々
資格と貢献度で職階が決まる、神社で働く人たち

◇神社の最高責任者は宮司

この項と次の項では社寺で働く（奉仕する）人のことをみていきたいと思います。

まず神社ですが、神社で神に仕え、さまざまな神事を行なう人のことを**神主**《かんぬし》といいます。「主」がついているので神社で一番偉い人に思えますが、神社で一番偉い人も新米も等しく神主と呼ばれます。**神職**もほぼ同義語です。

神主になるには**資格が必要**です。資格を取得するには國學院大學や皇學館大学など専門の養成機関で勉強・研修を経たのち、資格試験に合格しなければなりません。

こうして得る資格（階位）には**5つのランク**があります。神道の徳目「明浄正直《めいじょうせいちょく》」にちなんで、上から**浄階・明階・正階・権**《ごん》**正階・直**《ちょっ》**階**《かい》といいます（浄が明の先になっている理由はわかりませんが、「清き明き正しき心」と述べた聖武天皇の詔によるのかもしれません）。

この階位とは別に神社界への**貢献度**で判断される身分というものがあり、**特級から四級まで6ランク**があります。

こうした資格によって神社で就ける職階が決まります。神社のトップは**宮司**《ぐうじ》といいます。その下に儀式などを所管する**禰宜**《ねぎ》がいます。規模が大きな神社になりますと、禰宜の下に**権**《ごん》**禰宜**を、さらに宮司の下に**権宮司**をおくこともあります。

神主の職階（役職）と階位（階級）

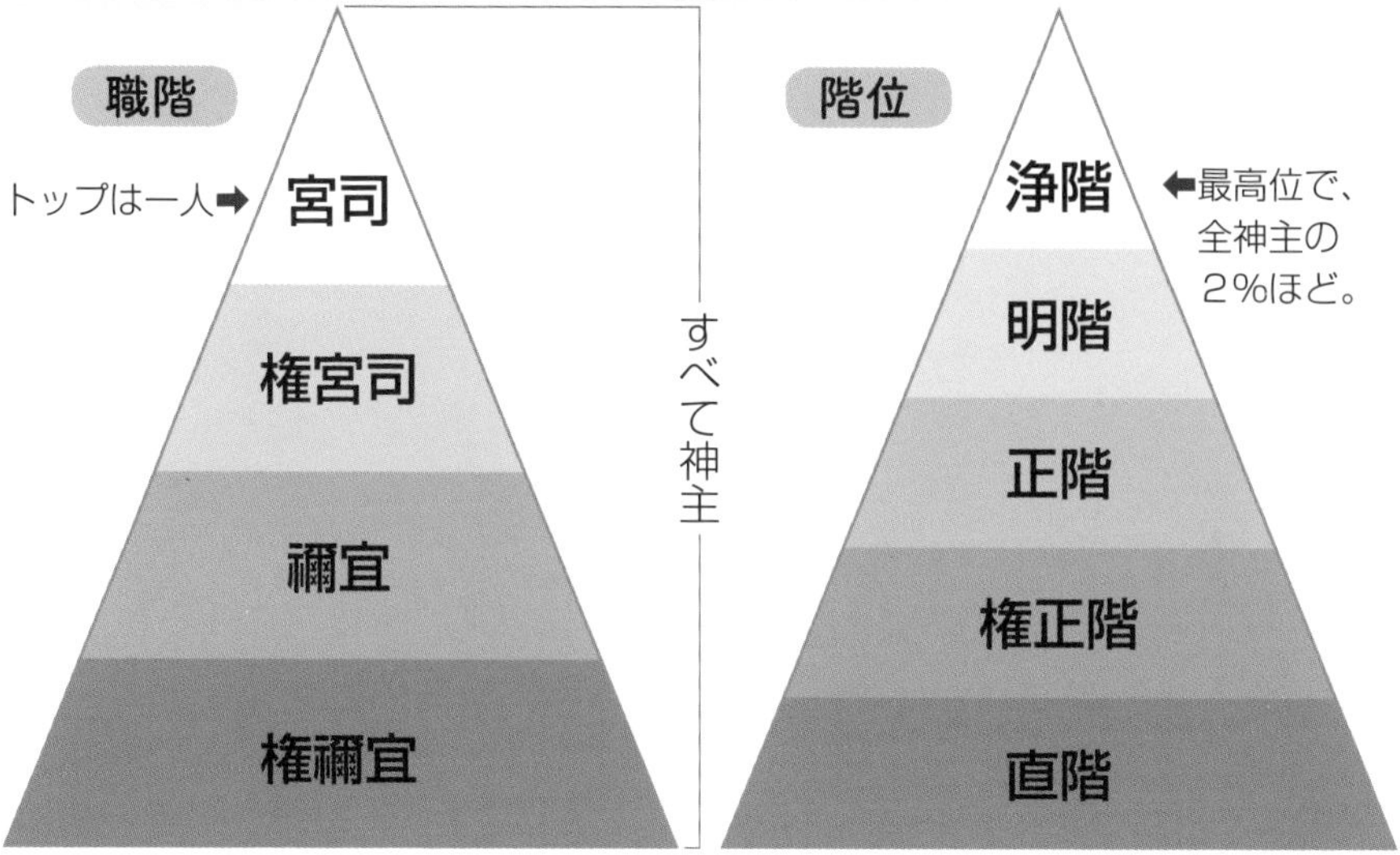
職階
トップは一人➡
宮司
権宮司
禰宜
権禰宜
すべて神主
階位
浄階
⬅最高位で、全神主の2％ほど。
明階
正階
権正階
直階

※「権」は「副」の意味がある。

神社で神に奉仕するのは神主だけではありません。**巫女**《みこ》とよばれる女性も重要な存在です。古くは神のお告げを受けるといった役割がありましたが、現在は舞いを奉納したり、神主の補佐、参拝者の対応などをしています。

なお、巫女には資格は必要ありません。

◇身分と祭の種類で変わる神主の装束

神主というと、**烏帽子**《えぼし》をかぶって**狩衣**《かりぎぬ》を着て、**笏**《しゃく》を持つ姿が思い浮かびますが、いつもそういう格好をしているわけではありません。

神主の装束《しょうぞく》は奉仕する祭の種類によって着るべきものが決まっています。もっとも重要な大祭《たいさい》には**正装**、これに次ぐ中祭には**礼装**、小祭には**常装**となっています。また、男女でも装束は違います。先にあげた例は、男性の常装となります。

また、こうした装束の色や文様も一級・二級などの身分によって異なるのです。

お寺の人々

宗派によって呼び方が異なる、お寺で働く人たち

◇「おしょう」か「かしょう」か

寺院で儀礼を行なう人は、ご存じのように**僧侶**です。**お坊さん・坊様**と呼ぶこともありますが、これはかつて僧たちは寺内の僧坊（僧房）で暮らしていたことによります。

僧侶・お坊さんは宗派に関係ない一般的な呼称ですが、**身分ごとの呼称は宗派によって大きく異なります**。たとえば、曹洞宗では、得度をして僧籍（僧としての資格）を得た者は**上座**《じょうざ》、結制安居《けっせいあんご》という法会《ほうえ》（行事）で首座《しゅそ》という役割を果たした者は**座元**《ざげん》、住職になったことを示す法会を大本山で行なった者は**和尚**《おしょう》、結制安居の法幢師《ほうどうし》を務めた者は**大和尚**といいます。宗派によってはもっと細かく複雑であったりもします。

「**和尚**」という言葉も宗派によって読み方が異なり、禅宗や浄土宗では「**おしょう**」、華厳宗や天台宗では「**かしょう**」、法相宗や真言宗では「**わじょう**」と読みます。

ただ、一般の檀信徒はそうした僧の身分と直接関わることはないでしょうから、とくに気にすることはありません。

◇寺院の最高責任者は住職

これもご存じの方が多いと思いますが、寺院の最高責任者は**住職**または**住持**《じゅうじ》といいます。「住持」とは**仏教の教えをしっかり受け伝えて**

袈裟のいろいろ

「偏袒右肩《へんだんうけん》」という右肩の脱ぐ着方。一枚の長い布を、帯で要所を留めながら巻いている。

古代インド

法衣の上に掛けているのが「五条袈裟」。名前は五条の布片よりつくられていることによる。

平安時代

いくことを意味します。ここから寺院のトップを住持職と呼ぶようになったのです。住職・住持は**住持職**の略です。

尼寺では**庵主**《あんじゅ》ともいいます。また、禅宗寺院では**堂頭**《どうちょう》**・方丈**《ほうじょう》、日蓮宗では**御前**《ごぜん》**（様）**ということもあります。

僧が着る**法衣**《ほうえ》も宗派・流派で異なっています。さらに法会の格によっても着るべきものが違いますので、宗派の僧でないとなかなか区別がつきません。

しかし、僧が左肩から斜めに掛けている**袈**《け》**裟**《さ》には注目していただきたいと思います。

現在では華麗なものがほとんどですが、もともとは捨てられていた布を綴り合わせて作るもので、**糞掃衣**《ふんぞうえ》ともいわれました。服への欲望を断つためにそのようなことをしたのです。当初は実用的なものでしたが、僧であることを象徴する衣となりました。

氏子《うじこ》・檀家《だんか》ってなに？

神社の氏子とお寺の檀家は、社寺を外から支える人たち

◇氏子は産土神《うぶすながみ》の子ども？

氏子も檀家も神社・寺院を支える人たちという点では共通しています。しかし、その成り立ちや本来の意味は大きく違っています。

氏子という言葉は、**氏神・産土神・産子《うぶこ》などの信仰が時代の変化の中で混じり合って生まれたもの**です。

まず**氏神**ですが、これは**氏族の祖先神・守護神**のことをいいます。たとえば、中臣《なかとみ》（藤原）氏のアメノコヤネ（天児屋命《あめのこやねのみこと》）や、物部《もののべ》氏のニギハヤヒ（邇芸速日命《にぎはやひのみこと》）などです。

これに対して**産土神**は**特定の地域を守る神**のことを指します。どんな神であるかは土地ごとに異なります。そして、その**産土神が守る地域に住む人**のことを**産子**と呼びました。産土神が自分の子のように慈しむと信じられたことによります。

鎌倉時代頃より武士が八幡神などを居住地に**勧請《かんじょう》**（分霊を迎えて社に祀ること）して一族の氏神として崇敬するようになったことから、**氏神と産土神が同一視**されるようになりました。また、産子に代わって**氏子**という言い方が定着したのです。

現在では神社ごとに**氏子区域**が決められており、そこに住む人はその神社の氏子とされます（すべての神社が氏子区域をもつわけではありません）。たとえば、京都の市街地は上

氏子と檀家の成り立ち

えーっと
お前は何代目
じゃった
かのう？
ご先祖様
15代目で
ございます
仏様、
庭で採れた果物を
食べてください
いつも
すまないねえ

神様の子孫だった氏子

布施をする人のことだった檀家（檀那）

賀茂・下鴨神社、今宮神社、上御霊《かみごりょう》神社、下御霊神社、北野天満宮、八坂神社、松尾大社、伏見稲荷大社などの氏子区域となっています。

氏子区域に住んでいる人は氏神神社の祭に参加するなどして、その**維持・発展に寄与し、祭神の神徳に預かる**とされています。

◇檀家は旦那の一家？

現在では寺が管理する**墓地に墓をもち**、彼岸やお盆などの**法会に参列する家族**のことを**檀家**と呼んでいます。檀家側からいうと、その寺院は**菩提寺**《ぼだいじ》となります。

こうした関係は江戸幕府が制定した**寺檀**《じだん》**制度**によるものです。**キリシタンではないことを示す**ために庶民はすべて特定の寺院の檀家になることが定められたのです。

しかし、もともと檀家とは**布施をする者（檀那・旦那）の一家**といった意味でした。寺を経済的に支えてくれる家族ということです。

COLUMN

神社にもお寺にもある御朱印とは？

数年前より「御朱印ブーム」となっており、朱印目的で社寺を参詣する人が増えました。社寺のほうでも、従来の朱印に加えて行事限定のものや数ページにわたるイラスト入りのものなども授与するようになり、人気に拍車をかけてきました。その結果、人気のある社寺では数時間待ちということもまれではなくなり、後日郵送というところも出てきました。

参拝者が増えること自体は喜ばしいことではあるのですが、現在のブームは少々過熱気味で、本来の意味が忘れられている気もします。

朱印の始まりは、社寺に写経を納めた際に受け取った納経印だったとされます。西国三十三カ所霊場や四国八十八カ所霊場などでは早くからそうした習俗があったようです。

西国三十三カ所霊場に伝わっている伝説によると、養老２年（718）に徳道上人が閻魔大王から33個の宝印を授かり、観音の霊場に納めるよう命じられたといいます。この時はまだ時期が早く、巡礼の信仰は広まらなかったのですが、10世紀末に花山《かざん》法皇が宝印を再発見して、巡礼者に朱印を授与することが定着したそうです。

もちろん、これは伝説ですが、霊場寺院から朱印が広まったことは間違いないことと思われます。

朱印はあくまで参拝の証としていただくものです。参拝もせずに朱印をいただくことや、転売など厳に慎むべきことです。

第3部

行事と儀礼

神社はお祭、お寺は行持《ぎょうじ》
神社の三大祭とお寺の三仏忌

◇お祭と行持

この項と次項で神社・お寺のお祭や行事について述べたいと思います。それらは神社・お寺を**信者や地域と結びつける役割**を果たしています。

しかし、神社とお寺では、その性質が異なります。本書ではそれを「**お祭**」と「**行持**」という言葉で表わしてみました。**お祭とは神様に仕え讃えること**で神社の行事を、**行持は修行など僧が行なうべき日課や日程のこと**でお寺の行事のことを表わしています。

実際にはお寺でもお祭的なことは行なわれますし、神社にも神主さんや巫女さんたちの厳しい日課がありますが、それぞれの行事の本質を象徴する言葉と受け取ってください。

◇神社では毎日がお祭

第1部で述べたように、神社は**神様のための場所**です。宮司をはじめとした神主さんたちは、**神様に仕えることを第一の務め**とし、これを通して人々の幸せや地域の発展などを祈っています。

お祭というと、参道に露店が並び御神輿《おみこし》が渡御《とぎょ》するものを連想しがちですが、それはお祭のごく一部にすぎません。**多くのお祭は神主さんのみで行なわれています。**

たとえば、神主さんが常駐している神社で

神社・お寺でもっとも重視される行事

神社の三大祭

●例祭（例大祭）

神社ごとに日にちは違う（通例年一度）
祭神・神社に由緒ある日などに行なう
よく知られた例祭には、葵祭《あおいまつり》（賀茂祭／上賀茂神社・下鴨神社）、神田祭（神田神社）、三社祭（浅草神社）、深川祭（富岡八幡宮）、秩父夜祭（秩父神社）などがある

●祈年祭《きねんさい》（としごいのまつり）

2月17日

米をはじめとした五穀の豊穣を願う祭

●新嘗祭《にいなめさい》

11月23日

新しく収穫された米を神に捧げ、感謝する祭

その他の祭

●歳旦祭《さいたんさい》

1月1日

元日の朝に国や地域の平安を祈る祭

●紀元祭《きげんさい》

2月11日

神武天皇が即位したとされる日（建国記念日）の祭

●式年祭《しきねんさい》

一定期間おきに行われる祭のこと

お寺の三仏忌

●涅槃会《ねはんえ》

2月15日

お釈迦様が涅槃（完全な悟りの境地、死去）に入られた日

●仏生会《ぶっしょうえ》（降誕会《ごうたんえ》・灌仏会《かんぶつえ》・花祭）

4月8日

お釈迦様の誕生日

●成道会《じょうどうえ》（臘八会《ろうはちえ》）

12月8日

お釈迦様が悟りを開かれた日

その他

●宗祖遠忌《しゅうそおんき》

宗派によって異なる
宗派の開祖の命日。その徳を讃える

●開山忌《かいざんき》・中興開山忌

寺院によって異なる
寺院の創建者・中興者の命日。その徳を讃える

第1部
第2部
第3部

あれば、神前に**神饌《しんせん》**（神様の食事、127ページのコラム参照）を捧げて一日の平安を祈る**日供祭《にっくさい》**というお祭が毎日行なわれています。

神に仕え、捧げ物をし、神徳を讃えるという点では、大きなお祭でも変わりません。ただ、重要なお祭では儀礼がより丁重になり、**巫女舞**や**神楽《かぐら》**などの芸能も奉納され、**神輿渡御**なども行なわれたりするのです。なお、神輿渡御《とぎょ》（神輿を担いで町内などを練り歩くこと）は**御祭神の神霊をゆかりの地などにお連れする儀礼**です。

このように神社ではたくさんのお祭が行なわれますが、中でも**例祭《れいさい》（例大祭《れいたいさい》）**・**祈年祭《きねんさい》**（「としごいのまつり」とも読む）・**新嘗祭《にいなめさい》**をとくに重視しており、**三大祭**といいます。

◇宗派に関わりなく行なわれる三仏忌《さんぶつき》

これに対してお寺は、本来は**修行の場**ですから、朝起きてから就寝するまで何時に何を行なうかが定められています。さらには毎月の行持、毎年の行持も決まっています。

僧侶がこれをきちっと守ることは**自らの修行**のためであるとともに、**仏法（仏教の教え）を広めること**であり、ひいては**人々を救うこと**でもあるのです。

なお、僧の行持の中にも**仏様に仕え讃えるものや、宗祖や開山（お寺の創建者）を顕彰するもの**が含まれています。

どのような行持（行事）を重視するかは宗派によって異なりますが、開祖であるお釈迦様の事績を讃える**三仏忌（仏生会《ぶっしょうえ》・成道会《じょうどうえ》・涅槃会《ねはんえ》**のこと、**三仏会《さんぶつえ》**ともいう）は宗派に関わりなく行なわれています。

また、宗派の開祖の命日にその遺徳を讃える**宗祖遠忌《しゅうそおんき》**（宗派ごとに名称が違います）、そのお寺を創建した僧や復興した僧を讃える**開山忌・中興開山忌**も重視されています。命日に功績を讃えるというのは違和感があるかと思いますが、これが仏教式なのです。

COLUMN

ハレとケとは？

日本の信仰、とくに「お祭」を考えるうえで、「ハレ」と「ケ」は重要な言葉です。この指摘は民俗学の研究者からなされたものです。

ハレとは晴れ着の「ハレ」です。晴れ着は晴れた日に着るためのものではなく、「ハレの日」に着る特別な着物の意味です。

では、「ハレの日」とはどんな日でしょうか。現在、晴れ着を着る時といえば、結婚式や成人式でしょうか。かつてはお正月も晴れ着を着て迎える日でした。また、お祭の神事に参列する時も晴れ着を着ました。

つまり、「ハレ」とは、お祭や正月、結婚式といった特別な日、非日常の時のことを示す言葉なのです。

これに対して「ケ」は日常のことをいいます。普段着のことをかつては褻着《けぎ》ともいいました。

行事だけではなく、家の中もハレとケで区別されていました。神棚や仏壇がある部屋や来客をもてなす部屋はハレ、台所や納屋、普段食事をする部屋などはケとされていました。ハレの部屋は神聖な場所なので、子どもたちが遊んだりすると怒られました。

人々はハレの日を楽しみにしてケの日々を送ってきたのですが、ケが続くことによって次第に生命力が衰えてしまうのがケガレ（穢れ、ケ枯れ）だとする説があります。そこで生命力を復活させるために、お祭というハレが必要とされたのだというのです。

この説には賛否がありますが、ハレの日があるからこそ、ケの日が頑張れるというのは間違いないでしょう。

神社とお寺の年中行事

「節分」のように共通する行事もある

◇神社独自の年中行事

神社の行事には神社独自のものとお寺と共通するものがあります。まず、神社独自のものから説明しましょう。

歳旦祭《さいたんさい》は元日に**氏子・崇敬者のみならず国全体の平和と幸いを願って**行なわれる祭です。宮中でも早朝に天皇陛下が拝礼をなされます。

1月3日の**元始祭**《げんしさい》も宮中祭祀に基づくもので、皇位の元始（始まり）を祝うものです。

社日《しゃにち》は春分の日・秋分の日に一番近い戊《つちのえ》の日に行なう祭で、土地の神様（産土神）への感謝を捧げるものです。春の社日を**春社**《しゅんしゃ》、秋の社日を**秋社**《しゅうしゃ》といいます。

6月30日と12月31日に行なわれる大祓《おおはらい》は、半年の間に心身についた罪ケガレを祓う神事です。もとは朝廷に仕える文武百官の罪ケガレを祓うものでしたが、各地の神社でも行なわれるようになりました。

茅《ちがや》で作った輪をくぐってケガレを祓ったり、人形《ひとがた》（人の形に切った和紙）に息を吹きかけたり体をぬぐったりして罪ケガレを移して川に流したりするところもあります。

なお、お祭には、その神社だけで行なわれている**特殊神事**というものもあります。八坂《やさか》神社（京都市）の**祇園祭**《ぎおんまつり》、諏訪《すわ》大社（長野県諏訪市）の**御柱祭**《おんばしらさい》、日枝《ひえ》神社（東京都千代田区）の**山王祭**《さんのうさい》などがその例です。

神社とお寺の主な行事

	神社	お寺
1月	歳旦祭（1月1日）	修正会
	初詣	**初詣**
	元始祭（1月3日）	
2月		修二会（旧暦で行なうお寺もある）
	節分祭（立春の前日）	**節分会**（星祭《ほしまつり》）
	祈年祭（2月17日）	涅槃会（2月15日）
3月	桃の節句（3月3日）	
	社日（年によって変動）	彼岸会（春分を中日とした1週間）
4月		仏生会（4月8日）
5月	端午の節句（5月5日）	
6月	大祓（夏越しの祓い）（6月30日）	
7月	七夕（7月7日）	
		新暦の盂蘭盆会（お盆） （13日～16日）
8月		月遅れ盂蘭盆会（13日～16日）
9月	社日（年によって変動）	彼岸会（秋分を中日とした1週間）
10月	神嘗奉祝祭（10月17日）	
11月	七五三（11月15日）	
	新嘗祭（11月23日）	
12月		成道会（12月8日）
	大祓（12月31日）	
	除夜祭（12月31日）	**除夜の鐘**（12月31日）

◇お寺独自の年中行事

お寺の正月儀礼は**修正会**《しゅしょうえ》といいます。正月に修する法会《ほうえ》（仏教行事）という意味です。**天下泰平・仏法興隆・万民法楽**《ばんみんほうらく》**（仏教の教えですべての人が幸せになること）・五穀豊穣などが祈られます**。元日から7日間行なう法会ですが、5日や3日のこともあります。

修二会《しゅにえ》は2月に行なう法会で、目的は修正会と同じです。お寺によって新暦で行なうところと旧暦で行なうところがあります。**鬼追い**などと呼ばれる、堂内に乱入してきた鬼を追い払う儀礼を伴うことがあります。有名な東大寺のお水取りも修二会の儀礼です。

春分の日・秋分の日を中日として7日間行なわれる**彼岸会**《ひがんえ》は、日本独特の法会です。先祖の霊を供養するもので、かつては宮中でも歴代天皇の霊の供養が行なわれました。

7月または8月に行なわれる**盂蘭盆会**《うらぼんえ》は、一般にお盆と呼ばれているものです。もともとは正月と類似の儀礼でしたが、仏教化して死者の霊を迎えて供養する行事になりました。菩提寺の僧が各家を回って棚経《たなぎょう》（お盆の先祖供養の読経）をします。

◇神社・お寺共通の行事

神社・お寺で共通する行事の代表は**節分**でしょう。**節分は季節を分ける日**のことで、立春・立夏・立秋・立冬の前日のことですが、行事が行なわれるのは**立春の前日のみ**です。

節分には邪気（邪鬼）を祓うために豆がまかれますが、これは**追儺**《ついな》と呼ばれる中国から伝わった儀礼に由来しています。追儺はもともと大晦日の大祓の時に行なわれるもので、4つ目の仮面をかぶって盾と矛を持った方相《ほうそう》氏《し》が目に見えない鬼を追い払うというものでした。ところが、方相氏の姿が恐ろしいので鬼と思われるようになり、先に述べた修二会の鬼追いのような儀礼となり、さらに節分の豆まきへと変化しました。

COLUMN

縁日は神仏との"縁"が深まる日

落語の「初天神《はつてんじん》」は、天神様（菅原道真公）の縁日に行きたいとだだをこねる子どもの話です。その子は天神様の神社へお参りしたいわけではなく、縁日の露店が目当てなのですが、それはともかく「初天神」という題から、この日が１月25日だということがわかります。天神様の縁日は毎月25日で、「初」とついているのでその年最初の縁日だとわかるのです。

このように、主要な神仏にはそれぞれ縁日があります。

縁日とは「有縁日《うえんび》」「結縁日《けちえんび》」の略で、その日にお参りをすれば神仏の特別な運がいただけるとか、通常の参拝より数倍の御利益があるといわれます。

この信仰がいつ頃からあるのかわかりませんが、すでに平安時代には18日が観音菩薩の縁日とされて、清水寺など観音を本尊とするお寺に貴族たちがこぞってお参りをしていました。

時代が下がるにつれて縁日の功徳は強調されていき、一日の参拝で千倍万倍の功徳があるとさえいわれるようになりました。現在も京都の清水寺や愛宕《あたご》神社の千日詣り、東京の浅草寺《せんそうじ》の四万六千日《しまんろくせんにち》には多くの参詣者が訪れます。

主な縁日をあげておきますと、薬師如来（８日・12日）、金毘羅《こんぴら》大権現《だいごんげん》（金刀比羅宮《ことひらぐう》）（10日）、虚空蔵菩薩（13日）、阿弥陀如来（15日）、千手観音（17日）、観音菩薩（18日）、鬼子母神《きしもじん》（18日）、十一面観音（20日）、地蔵菩薩（24日）、不動明王（28日）、大黒天（甲子《きのえね》の日）、稲荷神（午《うま》の日）などです。

参拝作法を知ろう
神社とお寺で違う拝礼の仕方

◇手水は禊《みそぎ》の代わり

神社やお寺をお参りする際に気をつけるべきことは、なんといっても作法を守ることです。といっても、茶道のような事細かな作法があるわけではありません。

要は、聖地である社寺の境内では、神仏に見守られている気持ちで行動しなければならないということです。**御祭神・御本尊を畏《おそ》れ敬う気持ち**がなければ御利益《ごりやく》をいただけません。崇敬の念があれば行動は自ずと慎んだものになります。

とはいえ**手水**と**拝礼**の作法は覚えておいてください。

境内入口付近にある手水舎《てみずや》は心身を清めるためのものです。本来は海や川に浸って禊をすべきなのですが、その代わりとして手水を行なうのです。

手水は柄杓《ひしゃく》の水一杯で行ないます。まず、左手、次いで右手をすすぎ、左手にとった水で口をすすぎます。左手をもう一度洗い、最後に柄杓の柄に水を流して清めます。

手水は神道の作法ですが、多くのお寺にも手水舎が設置されています。作法は同じです。

◇周りの人への配慮も必要

神社での拝礼作法はこうです。

拝殿前に進んだら、**軽く一礼**をして賽銭箱《さいせんばこ》

神社での参拝の作法

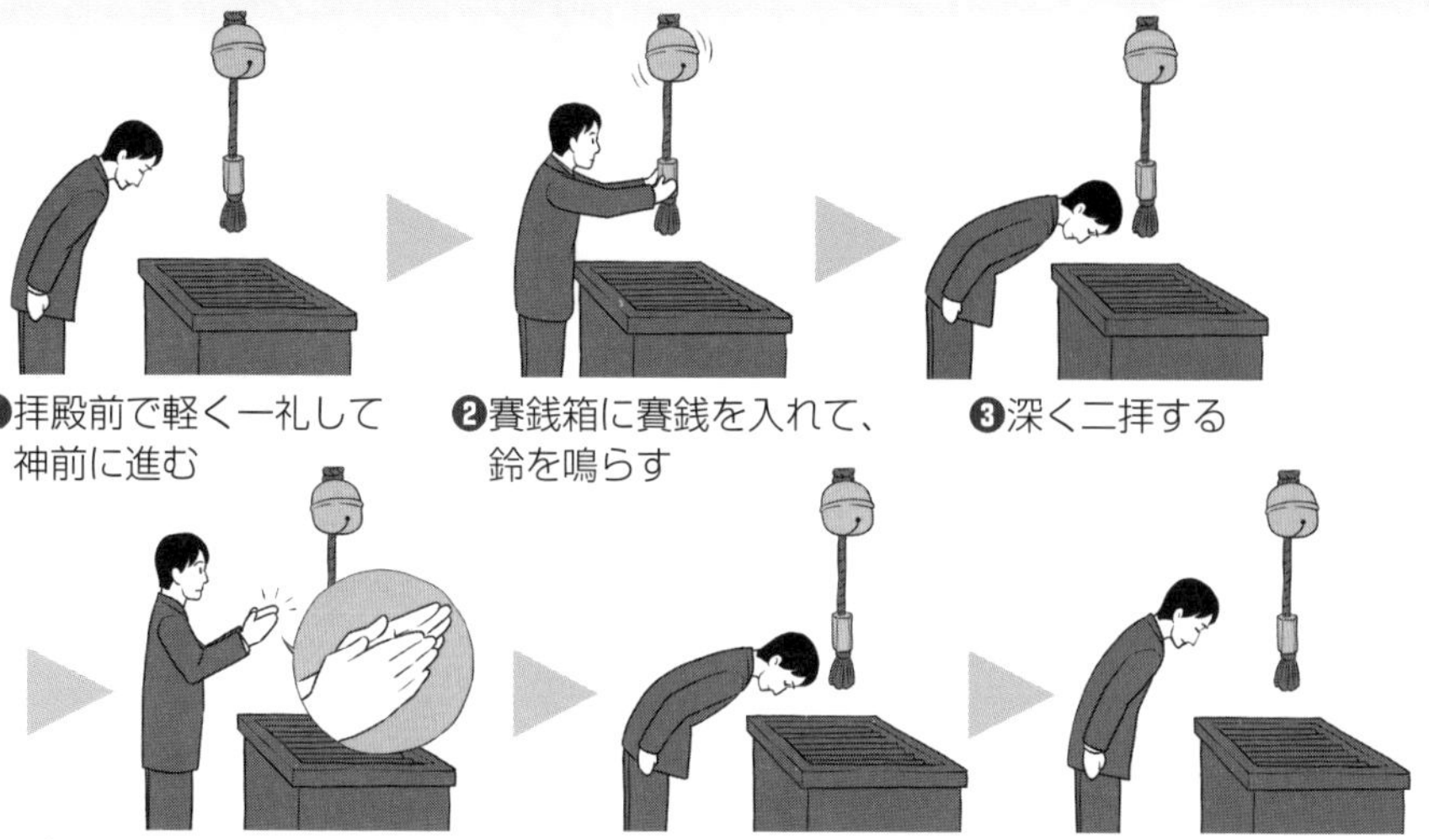

❶拝殿前で軽く一礼して神前に進む

❷賽銭箱に賽銭を入れて、鈴を鳴らす

❸深く二拝する

❹胸の前で手を合わせ、右手を少し下げて二度拍手する

❺もう一度、深く一拝する

❻神前から一歩下がり、軽く一礼する

に**賽銭を入れ、鈴を鳴らします**。そして、**深く二拝（できるだけ深く頭を下げます）、二度拍手をして、もう一度深い拝をします**。少し下がって**軽い一礼**をして、神前を離れます。（上のイラスト参照）

お寺の場合は二拝二拍手一拝ではなく、**合掌して祈念**をします。この時、**読経**などをしてもかまいませんが、周りの人の迷惑にならないよう注意してください。宗派によっては、お念仏やお題目、「般若心経」などを避けたほうがいいこともありますので、そのような行を行ないたい場合は、あらかじめお寺の人に尋ねたほうがいいでしょう。

お寺独特の参拝作法として、**線香の奉納**があります。本数を気にされる方が多いのですが、それよりも香炉のどこに立てるかを注意してください。手前に立てると後の人が立てにくくなります。ほかの人のことを考えて参拝を行なうことが大事なのです。

御利益と御神徳って同じことなの？

仏教語の「利益」が神様に使われることもある

◇「ごりえき」ではなく「ごりやく」

雑誌の特集ページなどに「＊＊に御利益がある社寺」といったタイトルがついているのをよく見かけます。

このような場合の**「利益」**は「りえき」ではなく、**「りやく」**と読みます。経済活動での儲《もう》けのことではなく、神仏からのお恵みのことだからです。

もともと**利益は仏教の言葉**で、仏様が人々を仏法に導いて**煩悩による苦しみから救うこと**をいいました。また、仏様の慈悲によって**浄土に迎えてもらうこと**も表わしました。

人々は身近な願い――病気を治してほしい、出世がしたい、良縁を得たいといった願い――も仏様にかけましたが、こうしたものは**現《げん》世《ぜ》利益《りやく》**と呼びます（極楽往生など来世での幸せを願うことは**後世《ごぜ》利益**といいます）。

近世以前は神仏習合でしたから、**神様に祈願をして得たお恵みのことも御利益**と呼ばれてきました。これが現代も続いているわけです。

◇御神徳は神様の「徳」？

しかし、神様のことに仏教語を使うのはふさわしくない、という意見もあり、代わって使われるようになったのが**「御神徳」**でした。

御神徳も古い言葉で、平安後期の歴史物語

御利益も御神徳も神仏からのお恵み

信心深い
そなたには、
力を貸して
やろう
ステキな
出会いが
ありますように
信心してくれると
わしの徳も
強く発揮できるぞ
今度の試験、
無事受かりますように
御利益
御神徳

『栄華《えいが》物語』にも使われています。

　神社ガイドなどでは御利益と同じ意味で御神徳が使われています（私自身もよくそういった使い方をします）が、厳密にはまったく同じというわけではありません。

　御利益は**仏や信者が行動を起こすことによって生じる霊的な力**と考えていいでしょう。仏も信者も動かなければ、御利益は生じません。これに対して御神徳は**神様がもともと備えられている「徳」**のことなのです。

　徳というとわかりにくいですが、失礼を承知でマンガなどで使われる言葉で言い換えれば、**特殊能力**のようなものといえるでしょう。

　ですから、神様は人間が祈願するしないにかかわらず、そうした力を発揮されているのですが、崇敬され礼拝されることによって、その力は増し、強く働くようになると信じられているのです。

神社・お寺の授与品いろいろ

お札は御祭神・御本尊の分身

◇お札とお守り

授与品とは神社・お寺が**参拝者に授ける品**のことをいいます。

お札やお守りを「買った」と言われる方がいますが、これは間違いです。お札やお守りは神仏からの**授かりもの**なのです。それに対して参拝者は**お金を奉納**するわけです。

同じことと思われるかもしれませんが、「買う」という表現には神仏に対する崇敬がありません。これは大きな違いです。

さて、社寺の授与品は大きく二つに分けることができます。**神仏の霊威が宿っているものか、そうではないものか**という違いです。

ここでは前者を**お札・お守り**、後者を**縁起物**《えんぎもの》と呼ぶことにします。

さて、**お札**は紙片や木、金属などの板に**神仏の霊威を祈禱により移したもの**です。いわば**御祭神・御本尊の分身**です。したがって、丁重に扱わなければなりません。地面などの不浄なところに置かないよう注意しましょう。

いただいたお札は、神棚や仏壇に祀ります。そういったものがない時は、タンスの上などを清めて安置します。なお、**火除けのお札**とか**一陽来復**《いちようらいふく》**のお札**（冬至から節分の間だけ授与される運気を上げるお札）のように、貼るべき場所や向きが決まっているものもあります。

お守りはお札を携帯できるよう小型化し、

神社とお寺の縁起物と御影

酉の市の熊手
（神社）

ダルマ（お寺）

御影
（筑波山大御堂）

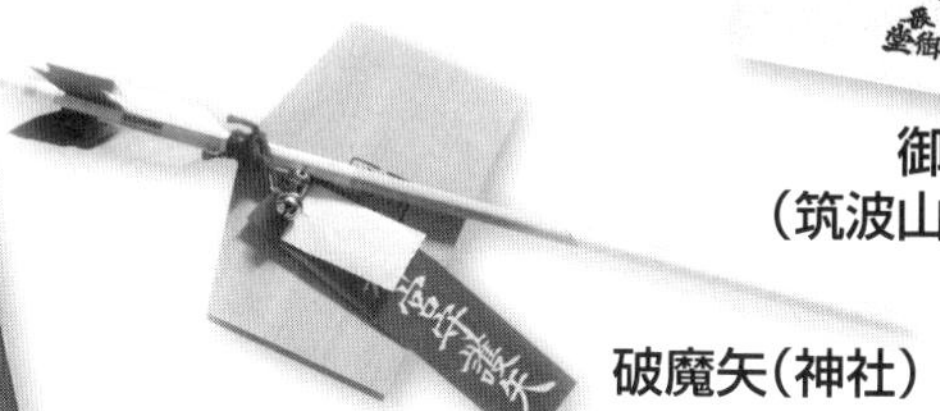

破魔矢（神社）

錦などの袋に収めたものです。いろいろなデザインがある守り袋に目を奪われがちですが、大切なのは納められたお札です。

お守りは身につけるものではありますが、汚れないよう注意しなければいけません。

神仏の姿を写した**御影**《みえい》もお札の一種です。

◇郷土色が豊かな縁起物

縁起物とは社寺の由緒などに由来する**工芸品**などをいいます。酉《とり》の市《いち》（全国の大鳥神社・鷲《おおとり》神社などで11月の酉の日に行なわれる祭）で授与される**熊手**《くまで》は、ニュースにも取り上げられるのでご存じの方も多いと思います。また、年末年始の神社では魔を払う**破魔矢**《はまや》が、お寺では招福の**ダルマ**がよく見られます。

縁起物にはお札のように神仏の霊威が込められているわけではありませんが、やはり**神仏からの授かり物**といえますので、大切にしましょう。

神道と仏教では修行も違うの？

神道は神様のため、仏教はさまざま

気をつけなければいけないのは、神道の修行は**作法の練習ではない**ということです。そこには宗教的な深さが求められるのです。

たとえば、**禊**《みそぎ》でも、ただ単に水に浸かって清めればいいというわけではありません。水に入る前に体を調えるための行法があり、水に入った後も唱えごとをするなどして精神を高める努力が求められるのです。

神前作法でも動きを覚えるだけではなく、その**儀礼や所作がもつ宗教的な意味を理解する**必要があります。

◇禅宗では修行そのものが悟りと考える

◇神様に仕えるための修行

おそらく世界のすべての宗教が修行法をもっているでしょう。もちろん、神道と仏教も独自の修行法があります。長かった神仏習合の影響で似ているところもありますが、神道と仏教では目指すところが違いますので、修行の性質も大きく異なっています。

神道は**神様に仕えることを目的**としていますので、それがよりよく務められるよう**心身を鍛えます**。とくに神職は神様の近くで奉仕することになりますので、神様に失礼がないように**心身を清め**、**所作もきちっと行なえるよう訓練を積みます**。

神道と仏教の主な修行

神道
禊
行法（神道作法）
祝詞奏上
仏教
坐禅などの
瞑想行
食事も修行
掃除も修行

仏教では宗派によって修行法が異なります。とくに浄土真宗などの他力本願の宗派と、その他の自力行の宗派では修行に対する考え方そのものが違います。

他力本願では、阿弥陀如来のお力で極楽往生はすでに決まっていると考えますので、自己を高めるといった類《たぐ》いの修行は否定され、**仏様への報恩行**として念仏などが行なわれるのです。

自力行の宗派の修行は**瞑想**が中心となります。これはお釈迦様以来の伝統です。ただし、瞑想の位置づけは宗派によって異なります。密教では瞑想と**真言**という呪文、それに**印**を組むことで**仏と一体**になります。

禅宗は坐禅を重視する一方、**掃除**や**食事**なども修行と捉えます。そして、**修行する姿が悟りの表われ**とします。

このほか**読経**や**写経**も功徳が大きい修行とされます。また、**教えを説くこと**、**善行をすること**も修行とされます。

人生儀礼と神社・お寺
誕生から葬式まで、神社・お寺との関わり

◇人生の節目ごとに参拝をする

人生儀礼とは、人生の節目節目に行なわれる儀礼のことです。**成人式**が代表的なものですが、ほかにも**七五三**や**還暦**など、さまざまなものがあります。主なものを表にしてみたので、まずは左ページをご覧ください。

なぜ、このような人生儀礼があるのでしょうか。

儀礼一つひとつに由来があるので一概には言いにくいのですが、理由の一つとして、**その人が人生のその段階に至ったことを地域社会や神仏に示す**ということがあげられます。

たとえば、成人式は一人前の大人となったことを示すものですし、**初宮参り（初参り）**は地域の新しい構成員（氏子）が生まれたことをお披露目するものということができます。

それゆえ、人生儀礼には往々にして試練が課せられることがあります。**成年式（今でいう成人式）**がその典型で、年齢に達した者すべてを成年（成人）と認めるのではなく、霊山を登拝するといった**苦難を達成できた者を成年と認める**という風習が各地にありました。

1歳の誕生日に一升《いっしょう》搗《づ》きの餅を背負わせるという風習が各地に残っていますが、これもそうしたものの一種といえるでしょう。

また、人生儀礼は、**その日を無事に迎えることができたことを神仏に感謝し、今後のご**

誕生から葬式までの主な人生儀礼

年齢	神社	お寺	家庭	備考
0			**誕生祝い**	
0			**名づけ祝い**	宮司・住職が名付親になる地域も
0			**お七夜**	
0	**初宮参り**	**初参り**		
0			**お食い初め**	
0	（初節句）	（初節句）	**初節句**	
1			**初誕生日**	一升餅を行なうことも
3～7	**七五三**	（七五三）		
13		**十三参り**		男子も参拝する地域も
18など	**合格祈願**	**合格祈願**		小・中・高校への入試でも
19～61	**厄年**	**厄年**		
20			**成人式**	成年の試練としての社寺参拝も
–			**就職祝い**	社寺では就活祈願
–	**結婚式**	**結婚式**		縁結び祈願も
–	**安産祈願**	**安産祈願**		子授け・子育て祈願も
60	（還暦祝い）	（還暦祝い）	**還暦祝い**	
70	（古希祝い）	（古希祝い）	**古希祝い**	以下、喜寿・傘寿・米寿・卒寿・白寿
–	（葬式）	**葬式**	**葬式**	

第1部
第2部
第3部

加護を願う行事でもあります。人生儀礼が幼年時代に集中しているのは、かつては子どもの死亡率が高かったことの反映です。

人生儀礼は時代により変化してきました。受験や就職などもその一つといえるでしょう。定年なども含められるかもしれません。

◇神社に参拝する人生儀礼

人生最初の参拝は**「初宮参り」**です。これは氏子（産子《うぶこ》）が一人増えたことを氏神様（産土神様）に報告し、無事成長するよう見守っていただくことをお願いする行事です。

実は神様と会うのはこれが最初ではありません。新生児はまず**家の便所の神様**に、無事誕生のお礼をするものとされていました。

七五三は3歳・5歳・7歳の子どもが健康などを祈る儀礼ですが、もともとは**髪置き**・**袴着《はかまぎ》**・**帯解《おびと》き**という別個の儀礼でした。昔から子どもの華美な着物を競う風潮があったようです。

厄年《やくどし》については56ページのコラムをご覧ください。

◇お寺に参拝する人生儀礼

初めての参拝をお寺で行なうところもあります。祖先の霊（祖霊）に新生児を見せるためです。子育て祈願のために霊験寺院をお参りすることもあります。

十三参りは13歳になる娘が虚空蔵菩薩を安置する寺院に詣でることで、智慧がつくとされることから**「智慧もらい」**ともいいます。京都の法輪寺が有名で、お参りの後は渡月橋を渡り終えるまで振り返ってはいけないといいます。地域によっては男子も参拝します。

葬式を人生儀礼に入れるのを不思議に思われるかもしれませんが、葬送儀礼は誕生後の儀礼と重なる部分が多いのです。来世への誕生ということでしょうか。また、遺族にとっても通過すべき重要な儀礼でもあるのです。

COLUMN

神に近づく長寿を祝う 長寿祝い

「7歳までは神のうち」という言葉をご存じでしょうか。かつては幼児の死亡率が高く、7歳頃まではいつ亡くなっても不思議ではないことを、こう表現したのです。「死ぬ」とはいわず、「神様が連れていってしまう」と考えたところに、昔の日本人の信仰と子どもへの愛が表われていると思います。

この言葉には、もう一つの意味があります。7歳までの幼児は神に近い存在だということです。幼児は大人と違ってけがれのない心をもっているということもありますが、神霊の世界との交流が容易だということを示しています。それゆえに神の世界に連れていかれやすいのですが、時には神の霊を体に宿らせてお告げを代弁することもあったのです。これを「よりまし」といいます。

一方、高齢者も神に近い存在と考えられていました。今より平均寿命がずっと短かった時代、七十代、八十代まで長生きする人はごくまれでした。ですから、家族だけではなく地域の人々がこぞって老人を大切にしました。長寿を保った人の経験や知識が貴重であったことに加え、そうした人は神仏の加護を受けていると信じたからです。

なお、長寿祝いは年齢によって名称が決まっています。70歳の古《こ》希《き》、77歳の喜寿《きじゅ》、80歳の傘寿《さんじゅ》、81歳の半寿《はんじゅ》、88歳の米寿《べいじゅ》、90歳の卒寿《そつじゅ》、99歳の白寿《はくじゅ》、100歳の上寿《じょうじゅ》、108歳の茶寿《ちゃじゅ》などです。

神棚と仏壇について知ろう

家庭内に神様を祀る神棚と仏様を安置する仏壇

◇神棚は家庭内の神社

すでに平安時代には個人宅でも神を祀ることが行なわれていたことは、天長10年（833）に成立した令《りょう》の注釈書、『令義解《りょうのぎげ》』に「**庶《しょ》人《じん》の宅神祭**」とあることからもわかります。ただ、この当時、どのような形でお祀りがなされていたのかはわかっていません。

現在のような**神棚**が使われるようになったのは、伊勢神宮の信仰が庶民にまで広まった**中世後期以降**のことです。

近世まで伊勢神宮の社頭《しゃとう》（社殿の前）には**御師《おんし》**（一般的には「おし」と読みますが、伊勢神宮では「おんし」といいます）と呼ばれる宗教者たちが多く住んでおり、伊勢参宮の者を宿泊させたり祈禱を行なったりしていました。また、それぞれ全国に得意先をもっていて、年に一度、**伊勢神宮のお札**（**神宮大麻《じんぐうたいま》**といいます）を届けたのです。

この神宮大麻を祀るために室内に棚を設えたのが神棚の始まりとされます。古くは**お祓い棚**といいました。

◇神棚の祀り方

神棚は家の中で**もっとも清浄な場所**に、**東向きか南向き**に設えるのが基本です。東や南に向けるのが難しい場合は、ほかの方角になってもかまいません。その場所が清浄である

三社造の宮形

宮形はいわば家庭用の神社。最近は狭い家でもお札をお祀りできるよう、書見台風のお札立ても神社などで頒布されている。

ということを優先して決めてください。

棚が吊れたら、そこに**宮形**《みやがた》を設置します。宮形は神社のお札を納めるための、いわば**家庭用の社殿**です。最近はモダンなデザインのものや簡素なお札立てもありますが、多くは神社の本殿を模した形になっています。

この宮形には、お札を納めるところが一つのもの（**一社造**）と三つのもの（**三社造**）があります。三社造の場合は、中央に神宮大麻、向かって右に氏神神社のお札、左に崇敬神社のお札を納めます。一社造の場合は、一番手前に神宮大麻、そのうしろに氏神神社のお札、そのうしろに崇敬神社のお札を重ねます。

お供えの基本は、**米・塩・水**です。これに**酒**を加えるのが一般的な形です。

◇仏壇は家庭内の仏殿

仏壇とは仏像を安置するための壇のことで、本来は**お寺の本尊が安置されている台**をいいます。これに対し、**仏像などを納める箱形の**

基本的な仏壇

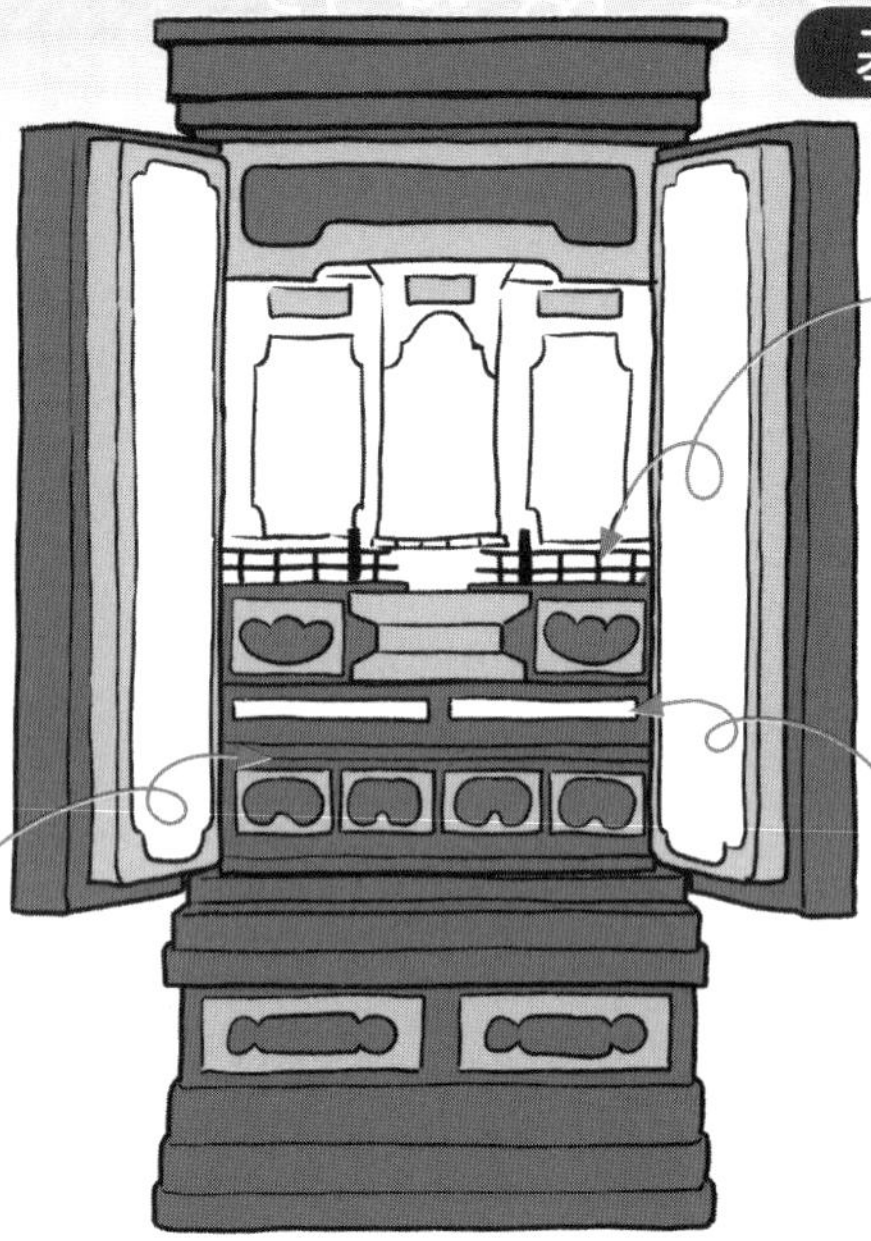
上段
本尊（仏像・画像）を安置する。仏壇でもっとも神聖な場所なので他のものは置かない。
中段
位牌を置くことが多いが、宗派によっては位牌を仏壇に置くことを禁じていることもある。
下段
三具足（五具足）などの荘厳具を置く。お鈴は経机に置くこともある。

容器のことは厨子《ずし》といいます。

したがって、私たちが仏壇と呼んでいるものは、物の形式からいえば厨子と呼ぶのが正しいことになります。しかし、機能からいえば仏殿ともいうべきです。

もともと仏壇は家庭でも仏様を礼拝できるように、**小型の仏像を安置できるようにしたもの**です。ですので、仏壇は**上部に仏像（絵像）**を安置し、**中段・下段には供物やお飾り**（**荘厳《しょうごん》**といいます）を置くのが本来のあり方です。**位牌置き場ではありません**ので注意してください。

仏壇の飾りの基本は**香炉・燭台・華瓶《けびょう》**（花瓶）の**三具足《みつぐそく》**です。これは仏様への供物は**香・灯明・花**を第一とするからです。このほか**茶湯器・仏飯器・お鈴《りん》**などが必要です。

なお、仏壇の飾り方は宗派で違うので、くわしくは菩提寺などに尋ねてください。

COLUMN

神道と仏教の来世観

来世観とは、死後の世界をどう考えているかということです。

インドでは古くから輪廻《りんね》の信仰があります。人を含めた生き物は死ぬと別の生き物に生まれ変わるというもので、それが果てしなく繰り返されていくことを輪廻というのです。

仏教もこの信仰を受け継いでいます。そして、生存が苦しみであることの理由の一つとしています。いくら金持ちや王侯になったとしても、行ないが悪ければ虫や獣に生まれ変わってしまうからです。

この果てしない輪廻から抜け出すには悟りを得るしかない、と仏教は説きます。

しかし、庶民には悟りを得るのは容易なことではありません。そこで大乗仏教はもう一つの来世を提示しました。浄土に往生するというものです。往生とは、仏の浄土に生まれ変わることです。

仏は悟りを得た時に、自身にふさわしい浄土（仏国土《ぶっこくど》）を生み出すと大乗仏教は説きます。阿弥陀如来の極楽浄土、薬師如来の浄瑠璃《じょうるり》世界がその代表です。この浄土に往生して、仏から直接教えを受ければ、誰でも悟りに至れるというわけです。

一方、神道の来世観は曖昧です。火の神を産んだことが原因で亡くなったイザナミが黄泉《よみ》の国に行ったという話は『古事記』『日本書紀』に出てきますが、ほかの神や人間も黄泉の国へ行くのか、死者はずっと黄泉の国に留まることになるのか、いずれもわかりません。

民俗的な信仰では死者の霊は山上などの霊界に行き、盆や正月などに戻ってくると信じられていました。そして、しだいに個性を失っていき、祖霊という神になっていくと考えられていました。

神道と仏教のお葬式

仏式葬儀とともに庶民に仏教信仰が浸透

◇故人を僧にして送り出す仏式葬儀

意外かもしれませんが、仏教の開祖であるお釈迦様は**出家者が葬儀の導師（葬儀を執行する僧）になることを禁じていました**。修行に専念させるためです。ですからお釈迦様の葬式も在家信者が執り行ない、弟子たちはそれに参列する形になりました。

日本で**仏式葬儀**が広まったのは、鎌倉時代以降、禅宗や真言律宗などの僧が積極的に庶民の葬式を執り行なったからです。これによって庶民にも仏教の信仰が浸透したのです。

しかし、お釈迦様が禁じていましたので、仏教には**在家信者のための葬送儀礼はありませんでした**（出家者が出家者を弔《とむら》う儀礼はありました）。そこで考え出されたのが、**出家者の葬儀を応用する**というものでした。**故人をまず僧にしてから葬儀を行なう**のです。**戒名《かいみょう》**をつけるのも、**僧になったことを示す**ためです。

仏式葬儀といっても、その内容は宗派によって大きく違うのですが、多くの宗派がこの構成をとっています。

ただし、浄土真宗のみは**臨終とともに極楽浄土に往生したと**考えますので、葬儀は阿弥陀如来への**報恩の儀礼**となります。

◇故人を神として祀る神葬祭《しんそうさい》

仏教式と神道式の葬儀の考え方

迎えに来たよ
みんなを見守っておるよ
はいはい神様の仲間入りをさせていただきました
神道
さあ、浄土にお行きなさい。御仏のところで悟りを得るのです。
御霊舎
仏教

神道式のお葬式を**神葬祭**といいます。神道でお葬式をするというのは不思議に思えるかもしれませんが、仏式葬儀が広まるまでは神道もしくは民俗信仰に基づく葬儀が行なわれていたのです。

しかし、仏式葬儀が広まると、もともと神道が死のケガレを強く忌む信仰であったことから、次第に神職は葬儀に携わらないようになったのです。近世になると、神道の信徒が仏式で弔われるのはおかしいと考える人たちも現われ、神葬祭の方法が模索されるようになりました。現在行なわれている神葬祭は、その成果ともいえます。

神葬祭の最大の特徴は、**故人の霊は死後も現世に留まり子孫を見守る**と考えることです。このため**故人を神**として祭祀を行ないます。なお、仏式の**位牌・仏壇**に当たるものは**霊《れい》璽《じ》・御霊舎《みたまや》**（**祖霊舎《それいしゃ》**）といいます。

仏教・神道の巡礼・巡拝

聖地を巡拝する風習は仏教から始まった

◇観音と弘法大師の霊場

仏教における巡礼の歴史は、**古代インド**にさかのぼります。**お釈迦様の誕生の地や悟りを開いた所、入滅《にゅうめつ》（死去）の地**といった**聖地**をめぐって、その生涯を偲ぶということが行なわれたのです。

しかし、日本で発展したのは、**観音菩薩と弘法大師の霊場**でした。いずれも**平安時代**に成立したものと考えられます。

清水寺《きよみずでら》や**石山寺**《いしやまでら》など平安京周辺には霊験あらたかとされる観音像を安置するお寺が多くあります。貴族たちはこぞってそれらを参拝したのですが、やがてそれらを**巡拝**するようになりました。しだいにコースが定まっていき、**西国**《さいごく》**三十三カ所霊場**となりました。

寺院の数が33であるのは、観音菩薩が33の姿に化身して人々を救うことによります。

また、四国の海辺の山岳は古くから修行場となっており、これを**辺地**《へじ》といいました。**弘法大師（空海）**も、若い頃は辺地をめぐる修行者でした。このため、弘法大師に対する信仰が広まるにつれて、その足跡をたどって四国をめぐる者が増え、**八十八カ所霊場**に発展したとされます。

西国三十三カ所霊場や四国八十八カ所霊場の人気が高まると、それを模した霊場（写し）も各地に作られました。中でも有名なのが、

主な巡礼地一覧

仏教

四国八十八カ所霊場
弘法大師（空海）ゆかりの霊場（札所寺院には真言宗以外の寺院もある）。
徳島県・高知県・愛媛県・香川県

西国三十三カ所霊場
近畿地方の観音霊場。四国八十八カ所霊場と並ぶ最古の巡礼地。
和歌山県・大阪府・奈良県・京都府・兵庫県・滋賀県・岐阜県

坂東三十三カ所霊場
関東地方の観音霊場。
神奈川県・埼玉県・東京都・群馬県・栃木県・茨城県・千葉県

秩父三十四カ所霊場
埼玉県秩父地方の観音霊場。もとは三十三カ所だった。
埼玉県

神道

一宮めぐり
旧国郡里制の国ごとに一位の格式をもつ神社（一宮）をめぐるもの。全国すなわち68カ国（66国2島）だが、論社（一宮と考えられる複数の神社）があるので実数は70社以上。

二十二社めぐり
平安時代に朝廷からとくに重視された22の神社をめぐるもの。巡礼としては新しい。
三重県・奈良県・京都府・大阪府・兵庫県・滋賀県

坂東《ばんどう》三十三カ所霊場と**秩父三十四カ所霊場**です。

◇神道の巡礼は新しい

これに対し神道では中世まで巡礼は発展しませんでした。神社は特定の氏族や地域住民が参拝するもので、**よそ者が気軽にお参りするところではなかった**からです。

神道で巡拝を広めたのは、おそらく**江戸初期**に**全国の一宮《いちのみや》**（その国で一番の格式をもった神社。33ページのコラム参照）をめぐった橘三喜《たちばなみつよし》だったと思われます。橘三喜の巡拝は本として記録され、忘れられかけていた一宮の復興にもつながりました。

神社だけの巡拝ではありませんが、**七福神めぐり**は江戸時代から行なわれています。富貴をもたらす7柱の神仏（道教の神様も含まれています）を巡拝するものです。また、近年は社寺両方をめぐる神仏霊場の巡礼も盛んになってきました（126ページ参照）。

COLUMN

六十六部《ろくじゅうろくぶ》と神仏霊場

六十六部とは全国66カ国の聖地をめぐる巡礼者のことです。六部と略されることも多く、廻国《かいこく》と呼ばれることもあります。

各国ごとの一位の格式をもった神社である一宮と異なる点は、神社だけではなくお寺も含んでいることです。

六十六部廻国は鎌倉時代に始まったといわれ、江戸時代には大流行しました。六十六部が登場する昔話も多く、近世の人々には近しい存在だったことがわかります。

しかし、明治の神仏分離以後、姿を消していきました。

これによって七福神めぐりを除いて神仏習合的な巡礼はなくなってしまったのですが、明治維新以前の神仏和合の精神を復活させようと、平成20年（2008）に新たに成立したのが神仏霊場（神仏霊場巡拝の道）です。

当初は125の社寺で結成されましたが、現在は152の社寺（三重県・和歌山県・奈良県・大阪府・兵庫県・京都府・滋賀県）に発展しています。

元文4年（1769）の絵入り狂歌本『絵本御伽品鏡』に描かれた六十六部の男性（国立国会図書館蔵）。

COLUMN

神饌《しんせん》と生身供《しょうじんぐ》

神饌とは神様に捧げられる食事のことをいいます。

現在では素材のまま（生米とか調理しない野菜など）を供える生饌《せいせん》を供える神社が多くなっていますが、かつてはおいしく調理した供え物（熟饌《じゅくせん》）が多く供えられました。

もちろん、今でも手の込んだ料理を供えるところがあります。神域で採れた米などを境内で調理してお供えしている伊勢神宮は、その代表といえるでしょう。

また、岡山市の吉備津神社の七十五膳据《しちじゅうごぜんすえ》神事では、文字通り75のお膳が用意されて本殿に運ばれます。京都市の下鴨《しもがも》神社（賀茂御祖《かもみおや》神社）では、賀茂祭の時に豪華な料理に混じって餢飳《ぶと》・糫餅《まがりもち》という揚げ菓子が供えられます。

いっぽう、生身供とは弘法大師などの高僧の霊前に、生きている人と同じようにご飯の膳を供えることをいいます。

弘法大師は今も高野山の奥之院で瞑想されていると信じられていますので、高野山では今も毎日２回、生身供が供えられています。朝は一汁四菜、昼は一汁五菜のお膳です。

奥之院に生身供が運ばれる様子（写真提供：公益財団法人 和歌山県観光連盟）。

渋谷申博（しぶや・のぶひろ）

日本宗教史研究家。1960年、東京都生まれ。神道・仏教などに関わる執筆活動のほか、神話に関する講座の講師や、全国の社寺・聖地・聖地鉄道などのフィールドワークを続けている。

近著に、『眠れなくなるほど面白い 図解 神道』『眠れなくなるほど面白い 図解 聖書』『眠れなくなるほど面白い 図解 仏教』『眠れなくなるほど面白い 図解 神社』（日本文芸社）、『全国 天皇家ゆかりの神社・お寺めぐり』『一生に一度は参拝したい全国の神社めぐり』『一生に一度は参拝したい全国のお寺めぐり』（ジー・ビー）、『カラー版 神社に秘められた日本書紀の謎』（宝島社）、『鳥瞰CG・イラストでよくわかる日本の古寺―歴史を知って訪れたい名刹74』（学研プラス）などがある。

イラスト：大久保ヤマト
カバーデザイン・DTP・図版作成：StudioBlade（鈴木規之）
校　正：こはん商会

写真提供・協力
渋谷申博／宝山寺／国立国会図書館／國學院大學図書館／伏見稲荷大社／竈山神社／神宮司庁／伊勢志摩コンベンション機構／護国寺／筑波山大御堂／金剛峯寺／公益財団法人 和歌山県観光連盟／photolibrary

【図解】はじめての神道と仏教

2021年3月6日　第1刷発行

著　者　渋谷申博
発行人　松井謙介
編集人　長崎　有
企画編集　早川聡子
発行所　株式会社　ワン・パブリッシング
〒110-0005　東京都台東区上野3-24-6
印刷所　大日本印刷株式会社

【この本に関する各種お問い合わせ先】
本の内容については、左記サイトのお問い合わせフォームよりお願いします。
https://one-publishing.co.jp/contact/
不良品（落丁、乱丁）については ☎0570-092555
業務センター　〒354-0045 埼玉県入間郡三芳町上富279-1
在庫・注文については書店専門受注センター　☎0570-000346

ワン・パブリッシングの書籍・雑誌についての新刊情報・詳細情報は、左記をご覧ください。
https://one-publishing.co.jp/